线上答疑
新环境下教法探索

王少磊 著

河海大学出版社
·南京·

图书在版编目(CIP)数据

线上答疑：新环境下教法探索 / 王少磊著. --南京：河海大学出版社，2023.3(2024.1重印)
ISBN 978-7-5630-7896-7

Ⅰ. ①线… Ⅱ. ①王… Ⅲ. ①网络教学－教学研究 Ⅳ. ①G434

中国国家版本馆CIP数据核字(2023)第016105号

书　　名	线上答疑:新环境下教法探索
书　　号	ISBN 978-7-5630-7896-7
责任编辑	成　微
特约校对	徐梅芝
封面设计	徐娟娟
出版发行	河海大学出版社
地　　址	南京市西康路1号(邮编:210098)
网　　址	http://www.hhup.cm
电　　话	(025)83737852(总编室)
	(025)83787769(编辑室)
	(025)83722833(营销部)
经　　销	江苏省新华发行集团有限公司
排　　版	南京布克文化发展有限公司
印　　刷	广东虎彩云印刷有限公司
开　　本	787毫米×1092毫米　1/16
印　　张	14.5
字　　数	195千字
版　　次	2023年3月第1版
印　　次	2024年1月第2次印刷
定　　价	72.00元

自序

一个荒居"零余者"的教学杂识

1.

我弄这个问答,当然是因为特殊时空下,弥补线上教学可能的不足。但也有差不多一半,是要以女儿为阅读对象——敲字时以她为假想读者。或者可以说,我以对女儿的善意与真诚,回答同学课后提出的问题。

过去,上课怕学生看手机;现在,上网课怕学生不看手机。说"怕",当然夸张了一点。毕竟,老教员也如老羸马,完成职业契约才是本心。

无数次援引过,曾经深深刺伤过自己的、本院已故老院长讲过的段子:在国际学校,老师提问,"请谈谈你自己对世界饥荒的看法"。北美和中非同学的答案好笑只是铺垫,最后轮到我们的孩子,抖出的"包袱"是他不知道什么才是"自己"的看法。

不知道什么是"自己"的看法,对于内容生产者确实是要命的。我长期苦恼于满目的思想"穷困"。所以对年轻人的忠告是,如果没有原创,哪怕先有对原创的焦虑;或者仅仅学着找到症结所在,并且因此萌发提问的冲动。

过去奚落教书匠变老,就是说他们总想找年轻人三谈:谈理想、谈人生、谈文学。然而,鸡汤热卖,我道就不行。空气焦灼,世事纷扰,说到底,还是励志一路卖钱。词客代不乏人,除却应景即是知音体。也许饶是如此,更要开腔献丑。焉知屏下后生,定无一二共鸣呢?

本书所辑,除去个别我认为措辞有碍,基本保留了学生提问的原貌。

而我自己所有的回答，都基于职业契约的原则。换句话说，它们符合我的真实想法，最多在其他的场合，我或有更详尽的表达。谈不上什么高论，但我们"知道分子"，不就是要重复常识吗？特别是其中蒙尘的部分。

2.

既然有些常识话题，成了割席话题，则常识实际上就属新知：比如转基因，比如武术，比如传统医学，比如阴阳八卦……其实，这几个话题，也可能是一个话题，因为核儿里都有个共通的东西。然而说服却是个艰难的过程，有时候看起来根本无望，这背后的东西就是逻辑。没有逻辑，教育作为一种传播手段，靠什么来诉求受众？

常识话题，通常并非萝卜白菜的私人偏好，而是关及"德、赛二先生"的重要话题。甚至它们的"同构程度"，说酸点，直指我们的"文明水位"。据说今天聪明的成年人，根本不会做这个选择，或者没有选择的困扰。

说到割席，为什么有些人，听到不同声音就如丧考妣？那是因为，挑战了构成三观的根基，或者阻断了从未怀疑过的路径依赖。比如你以无可辩驳的逻辑，证明了一个人乃逐臭之夫——他喜欢的美食其实含鸡屎，大概率会收到什么样的反馈？是接受事实还是否定逻辑？也许鸡屎的比喻有点夸张。那如果告诉你，你一直吃的关木通，早就被国家有关部门取消了药用标准（新华社消息）呢？如果这个名单里还涉及槟榔、何首乌与马兜铃呢？

假若没有认知工具，常识也就有了门槛。我们对世界的看法，只能凭借朴素的情感道义。所以你看到刷屏的公共议题，要么排队献花（捧），要么扎堆啐痰（贬），除了输出情绪之外，无法生产真正有价值的信息。

什么叫认知工具呢？我们笃信"杀人偿命"，却未必听说过"同态复仇"。我们只知道"谁主张谁举证"，却未必想到过"举证倒置"。我们知道"保守主义"和"功利主义"在日常语境里的消极含义，却未必理解它们在哲学意义上的积极，至少是中性的含义。这同态复仇、举证倒置以及哲学含义，就是认知工具，能帮助我们认识复杂世界里的复杂议题。

困难之处在于,知识更新的过程,并不总像收拾房间:随意调整,乃至淘汰升级。价值蜕变的痛苦,不亚于孩子被告知圣诞老人不存在的真相。老师在某种意义上,就是科普常识、训练逻辑。不破不立,所以老师的教育活动,也可能是激怒行为。

所以,朋友圈,反是失去朋友的地方。辩论的前提,是参与者具备基本的价值共识,以及健全的逻辑能力。价值共识,是指靠近价值原理的部分没有争议。逻辑能力则决定交流可能。否则,你说城门楼子,他说胯骨肘子,纯粹浪费时间。

3.

不抽烟的人,只有咖啡破闷案头。油腻老教员,不敢以核桃手串舞美,只有六合捡回的石头、老友惠赐的文玩,见证书房的四时佳兴。

说四时佳兴,也不算夸口。为找到可以"闲来无事"的荒居,我以距离换空间,在宝华山定下终老之所。闲来无事倒是夸口。晴耕雨读,才是我在时代洪流中选择的生活方式。客居江南,淮北是回不去了。为了寄托乡愁,我搜求了新知故友,弄来童年记忆中几乎所有农具。

周树人老师损过两种家伙,"一位是愿天下的人都死掉,只剩下他自己和一个好看的姑娘,还有一个卖大饼的;另一位是愿秋天薄暮,吐半口血,两个侍儿扶着,恹恹的到阶前去看秋海棠"。蛰居数月,觉渐晕陆。偶尔会想:只要米缸半满,竟然可以忘怀天下,甚而至于……慵懒的日子还可继续。

这或者是对的。这或者是不对的。"老子坐间寻句去,故人门外寄诗来。"其口吻声息,或称意境超旷。但我并不愿意真正放下俗情。宝华山绝非深山老林的山,而是山水城林的山。如此进退尺度,刚好远离无聊饭局,但又不耽误我和沸腾的城市律动共振。免于贺吊酬答节约出的时间,恰好填空公共话题上的荒凉。

夏季是菜园的高潮,苋菜、番茄、黄瓜、辣椒,还有我巴巴从淮北移植到江南的荆芥。秋季,掐准节气播下白菜、生菜和芫荽。春天,几被虫虫特工队劫掠而光。冬天,有一年暴雪压塌了我的大棚。我喜欢,这真真切切的生活，不是农家乐的假日打卡。

据说苦孩子长大，容易长成消费主义者，这可能是真的。不过我有时候，又未免极简主义：葱择后种根，蒜也掐头再长，连生芽的土豆，都剖开埋地。韭菜取其"割复生"，淮北是清明头刀韭，但江南提前两周就能包饺子。豌豆蚕豆望天收，长势不错；前者还能偶尔间苗，淘汰的嫩秧可拿来做鸡蛋烙饼。

相对于菜的工具理性，花是价值理性。园子不大，花菜各半，也暗喻读书人在出入之间。我偏爱的藤本，一边是黄瓜、丝瓜、冬瓜、南瓜、木耳菜、扁豆、豇豆，另一边是藤月、蔷薇、扶芳藤、常春藤、金银花、白木香、风车茉莉、五彩络石。

年轻的时候，受舒婷老师诱惑，"不做攀援的凌霄花"。长大后才知道，"好风凭借力"才是聪明人；批评薛宝钗的，跟我一样寒酸蹭蹬。但凌霄确实伤墙，爬山虎侵略性又太强，再兼顾虫病与落叶，这两年才有些经验心得。

月季喜肥，但几乎不用施肥。因为我还有立体养殖，自动五谷轮回。菜薹长老，荷花种下，海桐疯长。缸坛，都是从无处不在的拆迁工地捡来。我在中庭和外院零散放了些。这并不是想象中的行为艺术。毕竟，每年踏踏实实，可以吃到几十斤嫩藕。

月季是药罐子。蚜虫、茎蜂、红蜘蛛，黑斑、白粉、叶枯病未有间断。有时候，月季还在喷农药，竹蜂席卷而来。接下来跟巨蚊斗智斗勇。胜负未分时，蛴螬已经长得白白胖胖，够我的芦花鸡开几天洋荤。

荷缸不放鱼。因为鱼会吃掉莲花的嫩芽。等莲梗慢慢硬过鱼嘴，放鱼，是为了让它吃孑孓。不过，现在我放了泥鳅在里面，它相当于水里的蚯蚓，为的是淤泥别太板结。我养的水生植物鸢尾、香蒲一大堆，但重点还是碗莲、睡莲、荷花，以及其实是龙潭荇菜的一叶莲。爱生活，要碧莲，这依然是读书人必种之物。

总之，你想象的是悠然见南山，事实是草盛豆苗稀。园艺的辛苦，非亲历不能体会。不过紫叶梅落花、郁金香当值，紫茉莉芬芳、桃李梅次第，回报是足够的。

杏在传统文化中声名不佳，李渔说它"树性淫者"，欧阳修比兴"堪恨风流成薄幸"。祖师爷传道设杏坛不说，我因为关注传统医学，又自嘲"杏林圣手"，所以前年还是种了两株。至于唐人笑它"借春卖笑"，也不管了——既自嘲卖声站台，说起来依然切题。

学校有所谓行事历。我也有我的花草纪年。吾乡民谚，"三月还有桃花雪，四月还有柳条霜。秋天有个秋老虎，十月还有小阳春"。其实就是节气庄稼那点事。我家地面下沉，庭院略冷，几乎所有植物，开花结果，都比邻居要慢半拍。比如学生报到，准时准点，就在海桐之后，石榴之前。

4.

经常听朋友感慨变数打乱了计划，问我是否担心这种情况，比如女儿的远洋船票一事。我的回答是不担心。假如你读到高三时突然取消了高考，上大学改村支书来推荐；或者他读到高二时，一火车被从上海给拉到淮北，在命运的洪流里又能怎样？就这，我还没说，类似齐邦媛那种阴差阳错。不过即使在那些时刻，也能够雪中援手或相濡以沫，不是非得当街游斗或私信检举。任何时候，你都能活得……更像个人。

仿佛古典白话小说开场，都喜欢说"这也是个老生常谈"。对，这也是个老生常谈：历史的价值，在于认识身在其中的现实。若前面缺课太多，则后面即使立体鲜明，也无助于大梦觉醒。所以我对女儿说，一只眼睛观察，一只眼睛回溯。拿学分的课堂重要，我们就这样一起宅着也好。哪里看书不是看书，再说看书如果只为了名词解释，也终究没多大意思：随便一个社会实验，就都炸出蠢来了。

人生殊不可料，且珍惜眼前的厮守吧。我屈指还须十年浮沉，但江湖已远，自觉半身已在荒僻。反正粮蟹讲座，眼倦抛书，兄弟是吃惯长素的人。不管风云际会，只求天假以年。

宋诗有"炎凉苍狗变，光景白驹驰"。今天想一众故人，几乎都失去问候了。幼时玩伴，壮岁拍档，几乎都成陌路。正是赵兄易经算命，钱兄香茶养生，孙兄忠胆献策，李兄远涉买椟。有时候也觉纳罕：什么人变什么鸟,什么人吃什么饭,过去还真都看不出来。当然这句也指自己,所谓"我成了我讨厌的人",信哉。

有时候,想到昔年往事——荒唐幼稚,深夜也觉脸热。尚有机会选择的、勉力还能够补救的,尽量做好一点点吧。当此云端出工,时间相对宽绰,等于提供了梳理反刍的机会。反正,总得给这次"洞居"留点儿成果。

经常做梦。许推倒重来,于是换种儒林人生,那真叫算计精细。比如,绝不写论文之外的半句闲文,也不会给没用的"关系",浪费哪怕一个指尖儿。然后在体制的巨轮上,以一个劳动力的生命周期,闪展腾挪左右逢源,最终达到科层设计的某个职衔,然后呢?

兄弟老拙株守,没有"粉丝",但也不乏师友厚爱。闭关期间,多蒙惠赐,昨天同时收到寄自城中的红茶与南方的挂耳。如此案头,荒居如同比邻。无论口占歪诗,还是手敲闲文,都应不觉寂寞了。

不用去学校,就有更多机会读史。回读发黄的册页,一个事件,不管主动勾兑还是被动突发,教育意义都非常有限。昏睡的依然昏睡,彷徨的继续彷徨。即使身在其中,也并不能给争执双方增加说服论据,唯强化原有立场且释放彼此敌意。一个清朝人,哪怕被他匍匐叩拜的东西碾压,也会做出符合信念的解释。所以没有什么走着瞧,只有荒诞累积的世界变局,而人们各按各的方式活下去。从某种意义上说,谁活得更久,谁就算赢了。

5.

好几个媒体从业的朋友,最近据说有职业惶惑。作为"知心姐姐",我的看法是如果仅当作饭碗好办,否则惶惑是题中之义。教书匠何尝不一样?也许放弃功利考量,做应该做的事情,会多少有点儿慰藉吧。

生活艰辛,却也并不为此焦虑。因为我熟读《儒林外史》,差不多都能背诵这段——虞博士(其实那时候还是老秀才,并未就任南京国子监。而且即使后面做了博士,也只是职称高点的老师,上面还有司业、祭酒等等多名长官)到三十二岁上,这年没有了馆。娘子道:"今年怎样?"虞博士道:"不妨。我自从出来坐馆,每年大约有三十两银子。假使那年正月里说定只得二十几两,我心里焦不足,到了那四五月的时候,少不得又添两个学生,或是来看文章,有几两银子补足了这个数。假使那年正月多讲得几两银子,我心里欢喜道:'好了,今年多些!'偏家里遇着事情出来,把这几两银子用完了。可见有个一定,不必管他。"

古人练箭,也要养肩歇力。我也偶尔停顿答疑,是因为要留几个具体的写作问题,以便在课堂上讨论。课堂职责所系,但前面说了答疑有一半是为女儿……招了吧,干脆假公济私混入了她的提问。这个好处是,让我自己克制怯懦和老滑,对年轻人保证最大诚挚。我从来不是有魅力的宣讲者,但亦不需要从热闹中成就自尊心——否则也不会成为"零余者",在荒居自我放逐了。

我得承认,回答多重纠葛的问题,的确有点吃力。所以,某一期,只回答一位同学的提问。我字推句敲,竟有呕心沥血的意思。虽然可以一眼窥见提问者成长历程,我自己也难免受限于认知能力,故答问仅供参考,不敢以老朽之身自得于后生。

一般,白天父母做饭,我们仨各自网课。晚上我陪父亲喝酒,母亲则挽了女儿遛狗。这应该是难得的一段宁静。假如忽略那些恼人的话题,这正是我的黄金岁月。本人的世俗义务,就是努力笼着一船人不翻。其他的人生缺憾,也许有它才成其为人生。谁知道呢?

真的很希望,即使返校,网课也能成为一个日常选项。我其实不太知道,他们电化教育这么多年,弄的是不是这个东西啊?

南京春季短,差不多都是由冬入夏。荒居的优势是阴凉安静。假如没有琐事忧心,读几本闲书,是可以足不出户的。但社会实验的骨牌,总会慢慢联动到窗前。所以还不能由着性子,让懒一步步蚀透心底。还要,干活。

目录
CONTENTS

上 篇

《读书》课后答疑 1：也学高人月旦评 ………………………… 003
《读书》课后答疑 2：尼采我也看不下去 ………………………… 008
《读书》课后答疑 3：我们需要警惕什么 ………………………… 018
《读书》课后答疑 4：乱花渐欲迷人眼 ………………………… 024
《读书》课后答疑 5：同温层就同温层 ………………………… 031
《读书》课后答疑 6：可以无用，何况有用 ………………………… 037
《读书》课后答疑 7：孤独也挺酷的 ………………………… 044
《读书》课后答疑 8：齐白石怎样挂润格 ………………………… 049
《读书》课后答疑 9：最近是 1991 年 ………………………… 053
《读书》课后答疑 10：我不是原著党 ………………………… 059
《读书》课后答疑 11：然而，然而，然而 ………………………… 062
《读书》课后答疑 12：向死而生 ………………………… 066
《读书》课后答疑 13：导演只能"爆米花"？ ………………………… 068
《读书》课后答疑 14：这问题略坏 ………………………… 072
《读书》课后答疑 15（特别版）：是通天老狐，还是灶无烟青 ………………………… 075
《读书》课后答疑 16：又提"香汗臭汗" ………………………… 078
《读书》课后答疑 17：明星占用公共资源？ ………………………… 081
《读书》课后答疑 18：能搜索关键词很好 ………………………… 083

《读书》课后答疑19：西部世界的新住民 ·········· 085
《读书》课后答疑20：不会只剩下口水歌 ·········· 087
《读书》课后答疑21：隔膜 ·········· 089
《读书》课后答疑22：玩与不玩 ·········· 091
《读书》课后答疑23（特别版）：在内容生产的艰难时刻 ·········· 093

下　篇

《评论》课后答疑1：除非议题在新闻学之外 ·········· 097
《评论》课后答疑2：纷纷攘攘眼前事 ·········· 108
《评论》课后答疑3：好奇心和做功课 ·········· 112
《评论》课后答疑4：救画不救猫 ·········· 118
《评论》课后答疑5（特别版）：然后果然 ·········· 122
《评论》课后答疑6：多少旧闻成新闻 ·········· 125
《评论》课后答疑7：当我们说到羊屎球 ·········· 130
《评论》课后答疑8：炎凉苍狗变 ·········· 133
《评论》课后答疑9：想到她们曾经裹脚 ·········· 137
《评论》课后答疑10：群众这个词 ·········· 141
《评论》课后答疑11：走出供销社 ·········· 145
《评论》课后答疑12：社会实验的骨牌 ·········· 151
《评论》课后答疑13：最多算信息半透膜 ·········· 155
《评论》课后答疑14：什么是"我们" ·········· 159
《评论》课后答疑15：是难看还是不难看呀 ·········· 164
《评论》课后答疑16：洪教头与林教头 ·········· 166
《评论》课后答疑17：必须假定或谬原则 ·········· 168
《评论》课后答疑18：老实真善美 ·········· 170
《评论》课后答疑19：痛固然是痛 ·········· 172
《评论》课后答疑20：呕心沥血 ·········· 175
《评论》课后答疑21：米尽鼠同饥 ·········· 178

《评论》课后答疑22：我猜到 …………………………… 181
《评论》课后答疑23：我并不冒险说服 …………………… 184
《评论》课后答疑24：制造小人，制造君子 ……………… 187
《评论》课后答疑25：叶公好龙 …………………………… 190
《评论》课后答疑26：鲁迅的妈与岳飞的妈 ……………… 193
《评论》课后答疑27：如果没有媒体 ……………………… 196
《评论》课后答疑28：他们的日子很悲催 ………………… 198
《评论》课后答疑29：一种教学可能 ……………………… 200
《评论》课后答疑30：兄弟虽然老 ………………………… 202
《评论》课后答疑31：哈哈，当然倒金字塔 ……………… 204
《评论》课后答疑32：我而不们 …………………………… 207
《评论》课后答疑33：语言的污染 ………………………… 209
《评论》课后答疑34：夺造化之功 ………………………… 211
《评论》课后答疑35：青黄不接青黄接 …………………… 213

代后记：难进易退，晴耕雨读 ……………………………… 215

上篇

SHANG PIAN

《读书》课后答疑 1：
也学高人月旦评

同学问：我个人很喜欢五四时期大家的思想和作品，也很喜欢梅贻琦、蔡元培那个时代的教学风格。但有人评论现在很难再有曾经那样的思想观点以及作品，作家岳南甚至发出"大师远去、再无大师"的感慨，对于这点，老师怎么看？

答：这里面有两个情况。第一个，蔡元培和梅贻琦所处时代的教育生态，被认为大学的行政色彩较弱。彼时刚开始走向现代，仿佛胎儿新生，有更多的实验冲动和路径可能，社会也提供了思想发酵的温度和湿度。第二个，大师在大师的年代，也多半被认为是技师。我的意思是，大师也需要沉淀和回望。如果不是这样，梵高为什么要割掉耳朵呢？莎士比亚活着的时候，也只是流行文化的"字匠"吧？欧·亨利可能只是为了让小说多挣点稿费。文化体制的大话不说了。如果莫扎特活在你的时代并且沦落到地铁拉琴，你会辨识英才然后扔个铜板给他吗？

同学问：如何看待"个别文学名家使人害怕语文"这个问题。有些语文老师并未把文学美作为教学的第一要义，而是简单突出文本的教育功能，枯燥地解读，以至于有人一提起文学大师就觉得晦涩难懂。您认为应该如何才能让学生体会到文字的美好与趣味呢？

答：一个作家成为名家，甚至被重新塑造和赋能，并非稀罕事。他作为某种符号和旗帜，既有宿命也有偶然。应该看到的是，社会气候的转

线上答疑： 新环境下教法探索

变,我们在这个问题上的态度是倾向于开明的。至于语文老师,有可能只是体制惯性下的螺丝钉。有些你认为其作品晦涩难懂的作家,比如鲁迅先生,本身就是鼓励怀疑和批判的,这是他最应该被珍视的文化遗产。你们作为有思考力的能动主体,不能将文学作品解读枯燥只归因于老师。但如果你的意思是你本人准备把老师当成职业,从而希望听取教学建议,我想也无非是在政策兼容的前提下,拂去过去由时代限制造成的尘埃呗。总之很多作家,确实不是只能作为美学样本读解,他们其实是个巨大的内容 IP。

同学问:过去很多经典作品在当下是否仍然具有普适性？为何在中学课本中有些经典作品被删减了？

答:第一,经典作品仍具有普适性,只要作品关涉的主题仍具现实意义。仍以鲁迅为例。阿 Q 不说了。穿山甲和蝙蝠屎还在处方中。我们有没有华老栓、陈莲河？查新编流水簿子,窥不窥得见"夏瑜馒头""孔乙己茴香豆"？费厄泼赖要不要权衡、拿来主义有没有过时？当代知识分子是否伪善(参看《彷徨》之《肥皂》)？培训班里还讲不讲女德(参看《坟》之《我之节烈观》)？第二,鲁迅的社会主张,我不愿在这里评价。第三,鲁迅的文本,今天看依然构成文学营养,他是他那个时代的优秀写手。第四,中学课本的取舍应该不只靠文学标准吧,甚至也不只据思想标准。也许在某种意义上,课本和鲁迅一样应该被咀嚼审视？第五,我们讨论鲁迅,肯定不仅仅是作家周树人。模仿马克思的句法:鲁迅天然不是旗帜符号,但旗帜符号天然是鲁迅。

同学问:请教老师您对鲁迅和胡适的看法以及喜好倾向。

答:我对鲁迅和胡适所代表的思想历史和文化现象感兴趣,会对他们的社会主张做严肃思考。但是作品,我只爱看鲁迅的。

同学问:同为五四时期杰出的思想家,胡适和鲁迅都有着比较高的地位,但为什么在不同的时空有不同的强调？再者,我们中小学阶段学

习过很多鲁迅的文章,但课本中却鲜少选录胡适文章,他们的文学水平是否存在较大差异(比如很多人觉得胡适的作品没鲁迅的有文学性)?

答:我觉得,历史的选择只决定成败,不决定价值评判。法国选择拿破仑、德国选择俾斯麦,但不影响我们的道德给分。历史也可能存在或然性?所谓阴差阳错。很长时期以内,胡适先生不可能作为正面形象进入教材。如今社会进步,胡兰成的作品不都出版了吗?但我确实也不赞同,因为过去的妖魔化而天使化。总之我会思考胡适的主张,承认他的启蒙意义,赞成他的奖掖后辈,但个人不推荐将他的作品作为文学范本。说白了吧……我确实觉得他的文字不如鲁迅的对胃。

同学问:胡适在中国台湾发起的运动及所携思想的实践是否说明实验主义在宏观、微观层面之间有可转化性?

答:胡适在中国大陆和中国台湾都曾受到过思想围剿,这本身就是耐人寻味的文化景观。不过,这不恰好是实践了他本人鼓吹的东西吗?你看波兰的知识分子米奇尼克他们,一辈子总是作为不合时宜的反对者。知识分子的题中之义?我记得鲁迅,也对阵过"四条汉子"吧?——文坛掌故你自己去查资料吧。

同学问:除上节课咱们谈到的鲁迅和胡适,同为新文化运动的杰出代表,在中国现代文学史上的地位被认为紧随鲁迅之后的郭沫若,他的文学作品、文风以及学术思想我们可以怎么解读、评价?他和鲁迅、胡适又有啥不同?是否可以认为很多主流作家、诗人、编剧的作品多多少少都受到郭沫若的影响?

答:鲁迅和胡适,确实是最适宜做参照的坐标人物,无论地位、作品还是主张。文学史如果不规定一个标准答案,那个秩序却不是必然的。我老记不住王岳川还是王一川,不就拉下茅盾换上金庸吗(我也不喜欢金庸)?钱理群的《大学语文》是什么意见?我也不是他的读者。因为捍卫鲁迅,要拿开水浇批评者的学者叫什么?呵呵。鲁迅估计没想到,跟红学家一样,他也养活了不少二鲁迅……反正我更愿意观察郭沫若——

放在文学史和文化史的角度。至于作品,我现在不是他的"粉丝",过去也没怎么读得下去。他和鲁迅与胡适的不同,就是人生轨迹和自我选择吧。我不知道是否有很多人受他的影响,但他确实是某种标杆。

同学问:老师喜欢郭沫若先生吗?

答:我只在很多年前看过他的《洪波曲》,算传记文学吧,但感觉都像是憋着要发表的东西,不足为据。你可以去检索下他的掌故,再对照作品——如果你确实对他的作品有兴趣。当然他所谓"泛神主义"的诗歌我是知道的,当年广播里经常有朗诵:要么是他把月亮也吞了,要么就是你便是我我便是火。也未见其佳。至于1949年后,"郭老不服老,诗多好的少",似乎是他自己的评价?他的历史研究……他的历史研究是以学者身份吗?你可以看看翦伯赞那代历史学家的命运。

同学问:老师课上讲到如何评价作家,谈到以胡适为例,一要看他对社会的影响;二要看他的作品内容和价值。我的问题是,一个人的作品里往往有这个"人"的存在,有他的思想、他的价值观。人们也常常因为一个人的行为否定他的作品,比如余秋雨,比如柴静,所以人与作品这两者究竟如何取舍?

答:我提到的两方面是指要分开评价。文未必如人,正如同字也未必如人。两者有关系,但都不是决定关系。有句话就叫不因人废言嘛。余秋雨作为读书人可能被批评,他的境界胸怀也谈不上高远(比如王朔指出的,动辄在《文化苦旅》内谈及领导请饭什么的),不过我觉得,人家在拓宽散文的"文本可能"方面是有点贡献的。同样。柴静在我眼里,比与她同出身的人播音面貌更好,但我可能说过点她访问的专题片的坏话。记得当年,学院请她在随园吃饭,我同席看她冷冷的,像个聪明人。

同学问:作者的价值观在作品中可以被隐藏吗?
答:可以。有些作者,本身就是双重人格。

同学问：单向街应该是疫情期间第一家发出"众筹续命"邀请的书店，但从许知远以前的访谈来看，他是个真诚、笃定的知识分子，却并不一定是好的商人。老师怎么看他和他书店的现状？以及引申开去，线下书店需要拯救吗，如何拯救？

答：我最羡慕的，反而是许先生的商业能力。我羡慕他成功塑造的公众形象，包括他的发型设计。我现在不是他的读者和观众。记得他以前在《经济观察》还是《南方周末》的专栏文字，似乎有点偏爱饱满响亮的大词儿，雄赳赳的，非我所好。关于线下书店，我前两年写过一篇相关的专文，大意是，互联网要重新定义时代，传统书业只能与时俱进。你可以想想胶卷或者传呼机。

同学问：过去尤其是初中时期，我阅读了很多韩寒的作品。书中的很多价值观于我对世界的认知和性格的塑造都有特别大的影响，有时读到书中的某一个观点也会产生醍醐灌顶的感觉。但这样的影响和感觉在我继续阅读其他作品时并没有产生。我私自猜测是因为韩寒的书侧重于他本人的价值观输出，而我作为一个被动又没有什么判断能力的人也乐于或者不自觉地在接受这些现在看来有些幼稚的观点。我想知道，以老师的阅读经验来看，在处于自己认知已有基本框架的时期，偶尔的醍醐灌顶之感与长时期的浸润到底哪一个才是阅读的真正作用所在？而直接的价值观输出与作者描绘事实、读者自己体悟的模式是否殊途同归？

答：我不否定韩寒的价值，虽然他只是写些小东西。鲁迅的杂文，也曾被认为不如他的小说重要。韩寒的作品，哪怕博客，都曾闪耀过思想的光芒，至少普及了逻辑和常识。年轻人，如果是我女儿，我希望她在初中遭遇韩寒而非郭敬明。作家输出自己的价值观不是题中之义吗？韩寒的特点不是让你"被动地失去判断力"，你应该学习的恰好是他的怀疑精神。你这里所谓的潜移默化的影响，可能是指作品的风格，我觉得选对作者和作品才重要，风格偏好却问题不大。

《读书》课后答疑 2：
尼采我也看不下去

同学问：随着年龄的增长，我个人对诗歌读得越来越少，几乎没有，同时也很少能够理解它的内涵，或者说没有某一首诗让我有击中心灵的感觉，包括我身边的人也鲜有读诗的，想知道老师对此的看法。

答：同感。诗歌作为文学文本，我觉得重要性要小于它作为一种精神。诗歌精神，对我而言意味着某种价值理性，能对抗生活的琐屑和存在的卑微。当然，我本人对现代诗有点文体偏见（我说了是偏见），我觉得还是古诗更有营养。

同学问：老师上次将工具理性比喻成种菜，价值理性比喻成种花，是不是意味着工具理性的书籍更偏基础，价值理性培养我们的审美观、道德观等？想知道如何理解价值的理性？

答：这只是一种约略接近的修辞而已，并非严格的学术表达。我还是摘抄一段吧："价值理性是通过有意识地对一个特定的行为：伦理的、美学的、宗教的或作任何其他阐释的——无条件的固有价值的纯粹信仰，不管是否取得成就。"也就是说，人们只赋予选定的行为以"绝对价值"，而不管它们是为了伦理的、美学的、宗教的，或者出于责任感、荣誉和忠诚等方面的目的。

同学问：如何平衡工具理性和价值理性？

答:养花并且种菜。

同学问:如何理解文、史、哲这三者之间的内在联系?

答:我没有特别的观点。我的意思是,没有超过或者异于常识的观点。我只能说有联系的地方非常非常多。比如:我初中就会背信天游,但是20岁前还不知道有《围城》。实际上,我看到的第一本汇校本《围城》,编者后来还被钱先生起诉。因为从1949年一直到20世纪80年代,他根本没有可能授权简体字版权。

同学问:用三观正否来评价文学作品的优劣是否正确?

答:总体上,我不赞成文学被其他东西劫持。不过,大是大非却是要讲究的。比如作家个人是否可以另类暂且不论,但作品中如果包含色情或者称赞纳粹就不行。

同学问:这门课是"文史哲导读",但我总觉得哲学离我的生活还非常遥远,我也很难真正领悟;可以请老师推荐一些书目吗?或者可以简要谈谈"文史哲不分家"的含义吗?

答:我在课上提及的"文史哲"只是泛论。宏大叙事非我所好,我最初的课程学习建议是将这门课作为"读书课"——我一直为此而努力。后面我肯定会推荐作品的,而且不会仅仅停留在文学书目。可是我以为,贡献综合修养意义上的阅读,也许不是非得啃艰涩的原著。考虑到哲学的门槛和我本人哲学学识的贫乏,我赞成最初可以读文本浅显易懂的"科普"。"文史哲不分家"也是民间俗语。现代学科分类早就成熟了吧。最初毕达哥拉斯是不是还研究过几何?我无非,希望你们多点专业知识之外的综合背景。

同学问:"王者荣耀"(一款网络游戏)以历史真实人物为原型构建游戏世界,获得了游戏的成功,但这一过程中游戏人物也存有"魔改"现象,如何看待"王者荣耀"构建的王者世界与历史事实不符的现象?

线上答疑：新环境下教法探索

答：我是网游外行。但我想，何妨。游戏里的元素也来源于人类社会，你看《指环王》里不也包含友谊和背叛、承诺与爱情吗？所以游戏以历史为背景魔改，窃以为没有问题（只要不刻意伪装成历史）。

同学问：读书能够增长见识，老师是否赞成为了提升自我去啃一些让自己摸不着头脑的书呢？就像《瓦尔登湖》这本文艺青年必读书目，其实真正看过的人远少于吹捧它的人。对这类哲学类的书，是否知其然大于知其所以然呢？

答：我在这个问题上的态度，是既不反对，也不迷信。人家都说好，我就啃个试试。真啃不动，再看看别人的解读。对别人的解读都不知所云，那就有两种可能了。第一种情况是我实在天资有限，那也没必要强求，我总不能因为看不懂维特根斯坦就不活了。第二种情况，不骗你，我有时候禁不住想：也难保不是他们……装，其实大家都不懂吧？莫怕看你的朋友圈里人人说《瓦尔登湖》，其实看完的没几个，很多人只是插架。我承认，年轻的时候，我抱着《查拉图斯特拉如是说》在环城公园看，其实只是为了显得深沉。

同学问：老师能不能讲一下如何读没有太大兴趣的书。我的书架上有两类书，一类是因兴趣而买，不管是因真的感兴趣还是想要拓展视野尝试新事物，我都认为它是值得的，就像每次打开《诗经》，不管它是否给我以有用的知识，都能给我带来美的体验；一类是根据普适的评价选择的，这类书广受好评，但有时我却读不下去，我似乎急于从这类书中获取一些东西，不然总有一种做无用功的感觉。我们要如何克服这种功利的心态呢？

答：阅读有兴趣推动当然是最好的，也最有收获。但也可以适度增加工具理性来考量（工具不丢人，只要不是工具覆盖一切。有时候，边沁的功利主义也是需要的）。不喜欢的名著也读读，看是否有收获。真不行，也罢了。海量出版时代，谁也不能穷尽图书馆。《儒林外史》里，吴敬梓借庄征君说读书要"博而返之约"，很有道理。

同学问：在书中读到一些晦涩难懂或者意义不明的内容时，在网上查找别人的理解和感悟，是更大程度上帮助我们理解文章还是说别人的视角会限制我们的思维？

答：做个会思考的芦苇啊。再说，别人只要不是一个别人就行。

同学问：老师上课的时候说到"要以工具理性和价值理性贡献自己的专业，要咀嚼消化"，但是在阅读的时候，尤其是阅读思想比较深奥的学术性书籍，不太容易咀嚼消化时，很难产生继续阅读的兴趣，即使完成了完整的阅读，也不能产生有深度的见解，而仅仅是浅层的水浇鸭背式的阅读。如何才能完成从浅层阅读到深层理解的咀嚼消化过程？

答：哈哈，这似乎不是我的原话，但大意不错。我侧重在双重(zhòng)吧。如果对学术性书籍难以产生兴趣，可能是因为作者的文本不可爱，也可能是因为你选错了专业。我的意思是，你尽量选择内容和叙述俱佳的著作。当然说罗素比胡塞尔写得好看，肯定都不是消遣读物式的娱乐。我们为了职业目的，也不能太由着性子。至于"咀嚼消化"，我自己的办法是拿理论注解观察到的现实，并且在写作的时候，去调度阅读储备，让知识"响应"思考。

同学问：判别经典名著有没有什么衡量的标准和方式？在相关的选择和阅读上有没有什么可遵循的条理逻辑？

答：我觉得选择经典的一种方式就是大浪淘沙。但也有偶然。比如，我就不信蒙娜丽莎的微笑有他们说得那样玄乎：你盯片云彩看久了也是要什么有什么。我家天花板上有块水渍，闭关这段时间，我就瞧出了洛书河图。我去过卢浮宫，也装着端详了一会儿。印象更深的是很多同胞偷偷拍照留影。达芬奇可能是优秀的，但我猜也有浮华，也有世俗的盲目。

同学问：经典的作品是不是必然都会反映一些社会问题？
答：未必。文学，不是非得成为工具吧？

线上答疑：新环境下教法探索

同学问：如何解决译著书不能原汁原味地反映原著书的某些语言表达？怎么最大限度将两者的优势结合呢？

答：这确实难。原汁原味我觉得绝无可能。但好的译本，也能给语言增加近似形式主义美学上的"陌生感"，也能丰富自己的汉语词库。翻译有翻译体，在我小的时候，译制片成就了一种独立的艺术。

同学问：欣赏诗歌时怎样对比原文和译文之间呈现出来的原作者和译者之间的思想差异？例如《万叶集》中的《雷神短歌》。

原文：

雷神小动，刺云雨零耶，君将留？

鸣神の 少しとよみて さし昙り 雨も降らんか 君を留めん

雷神小动，虽不零，吾将留妹留者。

鸣神の 少しとよみて 降らずとも 我は止まらん 妹し留めば

译文：

隐约雷鸣，阴霾天空，但盼风而来，能留你在此。

隐约雷鸣，阴霾天空，即使天无雨，我亦留此地。

答：一般情况下，翻译作品相较原著的信息衰减是肯定存在的。不要说这个，你把家乡民谣翻译成普通话，味道也不一样了。

同学问：对于翻译作品，老师通常是如何选择译本的？

答：看重文本尤其是语言。另外，找找有没有明显的漏洞。

同学问：18世纪末，当时的欧洲已经历了启蒙运动，那些普遍"非理性"和"不科学"的文学作品开始走下坡，纪实、叙述作品兴起，哥特式小说却能于这样的环境下在欧美流行（或许其中有文艺复兴的影响）。其虽为恐怖电影的鼻祖，却逐渐被恐怖小说、现实主义小说取代，仅仅辉煌了大约50年，为什么哥特式小说会衰落得如此之快？（后期的哥特小说充斥着太多廉价的恐怖，过度消费色情与暴力也导致了它的衰落，但只是因为如此吗？）且哥特式小说即使在流行时期也是小众作品（我觉得这种"小众"与时下流行的"耽美"很类似,应该是在民间引起了热潮,但出于各种原因是无法成为大众流行的。对于这种流行趋势我也很感兴趣)。与后世欧美恐怖电影更多偏向于感官上的"血腥暴力"不同,哥特式小说的"恐怖"源于诡异的环境、压抑的氛围和隐藏的谜团,较少有直观的恐怖,那么为什么如今的欧美恐怖电影更偏向"感官恐怖"而非"心理恐怖"呢?

答:也许你可以把你的研究成果在班里做一个主题分享,让我也同时受益。在这个话题上,我没有你的积累丰富。不过你说的流行和衰落,也许可以参照西方经典音乐的发展:何时古典,何时浪漫,以及何种情况下的低潮与复归。我猜它们跟整个社会发展有互文关系,但也有荒诞的偶然?比如,你能不能预测大学城的汉服销售?我上高中的时候,有一段时间男孩们都弄身军大衣……我能做出点符合时代旋律的解释,但也有某种阴差阳错的机缘吧。

同学问:从小的教育让我们认为所谓欧洲文化讲究个人价值、反抗解释权威。研究一下欧洲史以后会发现没有这回事。西方文艺复兴之前和之后是两回事,启蒙主义之前之后也是两回事。社会给了我们半真半假的东西,对历史的探索迫使我们回头重读,如果用现在比较成熟、广阔的眼光重读,会使我们对自己变得苛刻。如何解决?

答:我很好奇:你从小的教育是谁给的?哈哈。我不信中学老师会有这样的表达。我从小的教育与此相反……另外,"从小的教育"并没关系,除非我们打算停止成长。改变认知有什么?即使在西方,西方人也批判西方。法兰克福学派,是不是就怀疑资本主义的意识形态?不过我回避"中""西"可能带来的歧义,有时候喜欢用"近现代"和"那以前"。重新阅读、重新思考并不是件坏事情,"广阔的眼光"在你那里是贬义吗?

同学问:最近,网上对课外书产生了一些讨论,那么老师怎么看待课外书呢?老师怎么给课外书下定义?不同学习阶段的学生应该如何对待课外书?

线上答疑：新环境下教法探索

答："课外书"，好传统的词啊。可以认为是教科书之外的书吧。高考是独木桥，如果非得过的话，只好按照指挥棒行事，克制课外书的涉猎。现在，无所谓了。博览杂收。

同学问：以前听说过一个说法，就是到了我们这个年龄，小说可以少读点了，应该多读些思辨的、人文社科的非小说类书，老师您怎么看这个观点？我们的阅读兴趣应该随着年龄的增长而刻意有所调整吗？

答：我认为，即使你不考虑"应该"，随着年龄的增长，你的非虚构阅读名单也会扩大。另外，我确实认同你应该多看点非虚构类型的图书。不仅仅因为年龄，也因为你的专业。

同学问：严肃文学（纯文学）与通俗文学（大众文学）的界限在哪里？二者的价值有高低之分吗？

答：有区分，但比较模糊。像音乐，现在的严肃，或者说经典，在它的时代很可能就是普通的流行。但也不是说完全没有界限。比如，是否有人认为歌曲《两只蝴蝶》是严肃音乐？同理。你可以说金庸是最好的武侠小说，但说他是什么严肃文学，乃至抬上大师宝座，我不服气。不记得许子东还是谁，在电视访谈里给出过一个标准：有没有明显的坏人——凡有的就是通俗。细想，也有点儿道理。

同学问：碎片化阅读能否形成知识体系？
答：碎片化阅读无法形成知识体系，但我们没打算这辈子只碎片化阅读啊。

同学问：快速阅读真的有价值吗？
答：有。你看百度百科也有价值。吃零食也不是不贡献热量。但也许对成长的贡献难说。

同学问：老师您做读书笔记有什么心得？

答:有趣,有点类似鲁迅自称的"毛边党"眉批。而且,有利于咀嚼消化知识点;同时方便记录思绪,以便后来增补成文。

同学问:"红学"缘何产生并兴盛?从文学史的角度看,这种针对一本书的考据是否是"寻常"的?

答:其实,红学如果是带有戏谑色彩的说法也罢了。红学家可以考据附会,但是别太神乎其神就行。神乎其神也行,但别大师嘴脸,或者自认为真理在握就行。比如L老师都穿凿到呆的地步了(我原谅他错字和常识舛误),一草一木里都有机关。红学一部分是被红学家搞坏了,毕竟这圈子里骗子多,最容易成就空头文学家,最容易蒙蔽文艺青年。有些红学家可爱,但也有不少像"二鲁迅"。

同学问:散文在当代是怎样的存在?
答:没有门槛。谁都能写。但写好也不易,所以需要文本突破。

同学问:在阅读一本作品之前,如何判断它是否值得一读?
答:在多级传播的链条上,选择信任你的意见领袖。一般说来,你认可的人认可的书目,是值得试试的;你不是非得看完一本书才能对那本书决定取舍。我们都知道一个说法:不是非得吃完臭鸡蛋,才有资格判断鸡蛋的品质。所以我偶尔也看看目录并且挑选试读,不行就放弃——即使那本书有很响亮的名头。

同学问:每个人都有评判文学作品的标准,我们也常常会通过好恶评判一个文学作品的好坏,但是往往不那么客观。是否存在普适的评判文学作品的标准存在?

答:文学评判没有绝对标准,但不是绝对没有标准,否则就不存在审美共识,包括教学在内的交流,也就无法进行了。也许,文学只是没有物理学那样的标准?比如,你周围是否有师友另类到……认为琼瑶应该跟鲁迅比肩?

线上答疑：新环境下教法探索

同学问：对于阅读，每个人也有自己的舒适圈，有没有必要跳出舒适圈？如果有，该怎么迈出第一步？

答：有必要。除非你已经是退休老人（即使你已经是退休老人。不，我的意思是尤其你已经是退休老人）。特别是，你还打算把新闻传播作为专业的时候。怎样迈出第一步？咬牙呗。然后我猜想（必须假定），精力不会白费，一定会有某个时间的打赏报偿我们的努力。

同学问：文学作品影视化会否造成阅读惰性，影视化作品为什么往往不如文学作品本身优质？

答：我总体不反对新的文化传播载体与形式。电影是人类伟大的发明之一，电视也不仅仅是造成了"沙发土豆"。我不认为影视化作品一定不如文学作品。我们有这样的印象，可能是因为确实存在这样的情况，但也可能是对于文学作品的忠诚和情感洁癖。不怕挨骂，我觉得央视版电视剧《红楼梦》就拍得很差，被他们神化的老版电视剧《红楼梦》也拍得很差，但电影《哈利·波特》——豁出去了说吧，我觉得不比小说差。

同学问：说到灾难片，我课后去看了《流感》，想知道王老师对于"杀一救百"（牺牲少数以拯救多数）这种伦理问题的看法。

答：这就是思想史上自由主义和功利主义的差别？推荐你们看《战略特勤组》。说真的，有时候，我希望我是那个"一"，然后我自绝以救天下，免去你们的道德挣扎。

同学问：微信即将推出订阅号付费功能，是不是反映知识付费的观念已经逐渐被用户普遍接受了？与原来的赞赏功能不同，付费阅读的形式是否可以为内容的质量把关？公众号的文章也只是用户用碎片时间阅读，是嚼烂的知识，原有的受众真的会为此买单吗？

答：知识付费也许没有被用户普遍接受，但我确实赞同知识付费。至于内容质量，可以参照报纸订阅。如果失望就退订……我的意思是，如果达不到自己的要求，明年就不订这个报纸了呗。碎片化阅读如果是补充整块阅读而并非取代的化,我不贬低它。

同学问:评判一本书的文学价值(不是文学史地位),作者的人格和他所处的时代是否应该作为参考因素?

答:作为研究者,你可以探究,也有价值。但我不认为,那是决定因素。

同学问:如何看待张爱玲对《红楼梦》后四十回"狗尾续貂"的评价?

答:《红楼梦魇》我看过多遍。印象中,她并不是对后四十回评价最差的人吧?这一评价是多数读者的共识呀。后四十回确实也有人肯定(比如白先勇),但我确实看不下去。我不是红学家所以不怕说外行话:我觉得后四十回简直难以卒读。

同学问:课上讲了《红楼梦》,我不由得联想到另一部杰出的世情小说《金瓶梅》,但人们似乎对它的直观印象总离不开奇淫坏书,但食色性也,人们追求感官上的刺激应该也是正常的,因此想问问老师,如何评判那些涉及色情内容的文学作品的艺术价值,如今的把关标准是否合理?

答:《金瓶梅》的文学意义,现在是文学常识了吧?性是人性的一部分,但人之所以区别动物,肯定有伦理约束。要不然就不存在电影分级了。我的意见是,可以有性描写,但艺术的优劣也不是比谁豁得出去。我当然反对给大卫雕塑穿上衣服,但也绝不是说裸露就是艺术。你提及文学作品中的"色情内容"——改"情色"吧。色情在中国是有法律含义的。

同学问:有人说《三国演义》隐喻的是职场问题,《水浒传》是生存问题,《红楼梦》是家庭问题,《西游记》则是精神问题,四本书对应人生四个阶段,老师是如何看待的?

答:这就是个俏皮话儿。有点励志和鸡汤味道,我个人不以为然。具体我还会在课上谈及。

线上答疑：新环境下教法探索

《读书》课后答疑3：
我们需要警惕什么

同学问：老师本次课的主题是"我的人生被开对了书单——从四大名著说起"，似乎标题做过修改？从教育方面来说，四大名著确实被纳入了小初高学生的必读书目，在各类升学考试中相关题目占了一定的分值，但这种书单真的开对了吗？

答：有同学注意到这个细节。但前后两个表达真有本质区别吗？最多只有……语气的差异，基于某种可能产生的歧义考虑调整。我无非是希望长大以后，回顾成长历程中影响巨大的精神食品。该反刍的反刍，该清算的清算——对，我说的是"清算"。比如我这代人读的《夺印》《艳阳天》，比如父兄辈的宣传稿和样板戏。我认为四大名著不愧为古典文学中的精品，作为年轻时的经典入门读物无可非议。我的本意，只是不想让它们遮蔽我所谓的"二线名著"，比如一再强调的《儒林外史》。

同学问：老师您在课上提到"《三国演义》的演义倾向性干扰了正史"，请问这里的"干扰"作何解释呢？我理解的"干扰"是指部分读者因为小说中的情节对真实历史产生误判，但我认为这种误解是读者自身的原因而非小说本身的缺陷，毕竟《三国演义》是一部小说，不是史书，所以想问这种干扰真的存在吗？

答：清宫戏也不是史书，为什么我们依然要提醒大众免受干扰？我看很多不愿思考的朋友，说起对古代的印象，恐怕不是戴着高帽子的男人钩心斗角,就是穿着大袖子的女人争风吃醋。我提及的"干扰",是拿上节的主题作为逻辑起点。在我还不具备分辨能力之前,《三国演义》就以至高无上的地位,被作为几乎不容置疑的书目推荐给我。查百度百科"四大名著"词条,它"深深地影响了中国人的思想观念、价值取向"。这就意味着,我的想法并非偶然的特例。而我现在就是要反刍这个影响里,有没有值得警惕的东西。也就是说,我所指的重点不在小说本身的缺陷(虽然它的确有诸如脸谱化之类的缺陷),而在于呼应标题:"我的人生开对了书单?"

同学问:老师如何评价《三国演义》被当作中学生必读书目,但是三国正史在课本中所占的比重很小,导致不少人将书中虚构部分误当成正史?

答:对这个问题的回答参见上条。我认为《三国演义》的通俗文学性,是其优先进入中学生必读书目的原因。但也可能或多或少,是由于"四大名著"在主流文学史上的地位,影响了编选者的取舍。如果我是教员,在重复教参的同时,也可以多指出点创作局限,特别是在大学阶段。其实相对于"拥刘反曹",我更关注的是人物脸谱化和战争幼稚化。

同学问:"脸谱化"是文学艺术创作不可避免的处理手段。我们固然知道没有绝对的"好人"和"坏人",正如诸葛亮也有缺点、曹操也不乏英勇气概,等等,然而一个人物必然存在最明显、最显著、最易被感知和记住的特点。倘若文艺作品真的将人刻画得太过日常化、毫无特色,想必也很难吸引普通读者(虽然不乏这样的优秀作品,但毕竟是少数)。老师怎么看待这二者之间的矛盾?

答:我上幼儿园的时候,喜欢听《小红帽》的故事。童话故事里小白兔肯定是好人,大灰狼肯定是坏人(所以,我第一次看到狐狸作为正面形象的童话时大吃一惊)。但我到了大学的时候,更喜欢《小红帽》后现代版——顺带推荐这部卡通动画片,这部剧能颠覆你过去印象中的好人和坏人形象。你觉得小白兔和大灰狼的角色设定,跟年龄和心智成熟有没

线上答疑：新环境下教法探索

有一点关系?你觉得为什么儿童餐厅的色调更鲜亮明快?正是在这个意义上,我希望大家重新审视过去的书单。我想今天大多数人,还是同意人物塑造应该立体丰满,而非简单生硬的。我们都知道鲁迅称赞《红楼梦》的价值——我抄一段:"《红楼梦》在中国小说中实在是不可多得的。其要点在敢于如实描写,并无讳饰,和从前的小说叙好人完全是好,坏人完全是坏的,大不相同,所以其中所叙的人物,都是真的人物。总之自有《红楼梦》出来以后,传统的思想和写法都打破了。"再看他怎么说《三国演义》:"至于写人,亦颇有失。以致欲显刘备之长厚而似伪,状诸葛之多智而近妖。"

同学问:老师上课提到脸谱化是文艺创作的弊病,那么如果我们抛开非黑即白,所塑造的正面人物一定要有阴暗面,反面人物一定要有可怜可敬的闪光点,最最最普通的人也必须得有各自的内心挣扎,这是不是另外一种脸谱化呢——一种极端的矛盾脸谱?

答:人物塑造之所以鼓励复杂立体,是因为人性本身复杂立体,而不是故意哗众取宠。超越人性的险怪当然也不可取……但你总不会反对人性复杂吧?

同学问:上面这个问题对不同受众影响也不同。和传播学的"一面提示""两面提示"是差不多的意思。文化水平比较高的人可能觉得脸谱化的创作拙劣,但很容易俘获普通大众?

答:你的表达有可能是符合事实的判断。毕竟小说过去只是稗闻,跟贩夫走卒打麦场听的话本也有渊源。

同学问:人性复杂是常态,但是我的意思与×同学一样,如果文学的塑造都趋向于您所说的复杂立体(相对于扁平化而言),那么某些文学人物就无法被记得那么深刻了?

答:饶是如此,更要警惕。我认为,这样也许是最有效率的宣传,最容易培养标签化的认知和简单化的审美,最容易……吞食传播学意义上的"魔弹"。我担心果真如此,这种教育理念就成为完美闭环了。可是真实世界哪里这么"卡片"呢?

同学问:认识自己,认识到人性的复杂,是人更有智慧、更了解自身,乃至更加尊重自身的体现吧?有时候,把人"拍扁"了确实会有好的传播效果,但如果这种情况太多了,我们会觉得不真诚,甚至虚伪。理想地说,还是希望看到的人物都是尽可能丰满的。

答:把刚才同学们的话对照,还可以更深地咀嚼。我真正的担心,是久而久之人会形成偷懒的习惯,即依赖别人简单地标签黑白,然后据此决定好恶。刀尔登先生写袁崇焕,你们标签他"坏蛋",我们就去割他一块肉(大意)。人物描写真要这么扁平吗?当然从反面想也是如此。我们给岳王爷烧香,往秦丞相塑像上吐痰——我们的历史学习不应该止步于此。

同学问:主要人物扁平化能否拿来评价文学价值,我觉得其实也不一定,我觉得两边都很有道理;例如《阿Q正传》也描写了大量的脸谱人物,但是我觉得它仍然是很优秀的作品,似乎对于人物性格的处理,是和作品主题密切相关的,不妨说这是一种写作和表达主题的策略。当然这只是我片面的意见。其实我觉得《三国演义》是否真的将主要角色脸谱化这个事情,还是有待商榷的;具体的脸谱化释义其实可以参照福斯特的《小说面面观》,里面有比较详细的关于扁平人物和圆形人物的解释。

答:说得很好。但,周老师也是"须听将令"的啊!为什么在夏瑜的坟前凭空添一个花环?他未必完全尊重文学规律,自己也承认有其他因素的干扰。但毕竟先生大家风范,信手一拈也成经典。《阿Q正传》确实还不错,但如果改编成电影呢?怎么看都别扭,都是话剧腔,因为没有文字的高手遮掩,等于放出了脸谱化的效果:导演找小品感很强的严顺开演男主角是有道理的。扁平人物,假如我们孤立地看作一种流派追求或者审美主张,也未尝不可。我只是觉得放在我们创作的历史和现实语境下——无论新闻还是小说,面临的议题又有不同。平心而论,"抗日神

线上答疑： 新环境下教法探索

剧"里有没有程式化呢？人物通讯里还有没有高大全？

同学问：我认为在符号化的后现代里人物的个性化特征早就被削弱了，人物描写可以从中心位置退出，所以单一符号化的人物更能顺应小说情节表达的需要。在很多作品中，写立体人物很难满足需求了？

答：你的观点很有意思。我也受益。前面的表达，主要照顾课程主题的逻辑线索，在那个框架里自圆。你说的情况，可能会有。但能否作为共识性的判断？是仍带有实验性抑或已经主流化？是一种风格取向，还是已经成为普遍的创作法则？值得探讨。

同学问：作品中一个丰富反派形象的塑造需要人物的矛盾感，那么塑造好的正派人物需不需要矛盾来体现呢？因为我看过的作品中，大多历史性正派人物面对的矛盾很多都是家国、忠孝这样问题上的取舍，而影视中有些正面人物的塑造则采用了看似邪恶，实则另有身份的手法，比如《金蝉脱壳》中施瓦辛格饰演的角色，不知道这算不算另一种矛盾呢？亦或是要做到某种意义上的正邪平衡中立，才算是一个角色的成功？

答：电影《金蝉脱壳》我几乎看不下去。个人觉得定位就是老艺人争取老影迷，剧情粗糙。一般而言，我喜欢亦正亦邪的人物。其实家国取舍倒是好话题。你去看看，古代的"杀妾劳军"与"父子相隐"，会很有意思。

同学问：与丑化对立的是美化，艺术创作中，导演有时为了避免反派角色的脸谱化，同时也为了揭露更深刻的价值内涵，会一定程度美化反派角色，而这些有时往往与主旋律甚至史实相违背，以至于被人诟病，比如《辛德勒的名单》里的阿蒙，但不得不承认的是，这样的角色塑造往往非常成功。好莱坞影史上不乏经典的反派形象，像汉尼拔、小丑。这样的艺术表现形式，老师觉得"度"在哪里？

答：好问题。首先，我赞成文学不被其他元素劫持。其次，在艺术的前提下讨论，我笼统地反对脸谱化、扁平化和程式化。但允许导演或者作者有自己的风格。像小丑那样的角色，带有明显的卡通味道，那难道不是恰好匹配漫画改编作品吗？汉尼拔是我们人性黑暗的夸张表现，但他的形象，不也恰好是某种复杂而非单薄的吗？《辛德勒的名单》里，阿蒙有被美化？我没太明白。也许你可以对比看下，《无耻混蛋》里克里斯托弗·瓦尔兹饰演的那个邪恶德军太保。

线上答疑：新环境下教法探索

《读书》课后答疑 4：
乱花渐欲迷人眼

同学问：最近法国第 45 届恺撒奖的最佳导演奖颁给了影片《我控诉》的导演罗曼·波兰斯基，这件事激发了众多人的质疑和不满，引起了一阵讨论。从他本人的经历来看，我觉得有令人同情的部分，他的妻子曾被残忍杀害，这次谋杀改变了他的性格，他将这种悲痛转换到性上，之后他被多次指控侵犯少女，这次的影片《我控诉》也有声音说是在为他自己的罪行做辩护。凯撒奖的颁布相当于是肯定了这名导演在专业领域的成就，但反对者认为评价艺术作品不应抛除道德立场，不认同把奖颁给有这样一个污点的导演。之前上课老师也提到作品和作者之间的关系，请问老师如何看待此次事件？

答：波兰斯基的妻子莎朗·塔特被虐杀，并不能为他自己脱罪。我承认他的有些作品打动过我，比如《唐人街》《钢琴师》和《杀戮》，后者作为话痨电影，我还推荐给其他朋友。但是我确实认为，评奖委员会应该考虑导演的问题——特别是这并不仅仅私生活混乱，而是严重的伦理失范。不知道西方电影节或者评奖委员会章程里是否有可引用的条款，反正一个有人文追求的评奖应该讲道德。

同学问：法国恺撒奖颁给罗曼·波兰斯基，却引发了巴黎持续性的抗议活动，老师怎么看这一事件？如何评价"艺德分离，艺术才自由，道德才自由"的观点？

答:见上条。看情况。考虑毕竟在他国,我或许可以忽略希斯·莱杰、菲利普·塞默·霍夫曼生活不检点,甚至也不苛责迈克尔·道格拉斯花心、乔治·克鲁尼他们持某种严肃立场,但我反感查理·辛那些家暴的家伙,更别说性侵少女了。

同学问:当今有些导演喜爱翻拍一些网络小说改编的剧本,那这可以看作是所谓网络文学的进步吗,还是这只是对大众口味的迎合?

答:我对网络文学无偏见,虽然我不是读者。至少它是一种新的可能,也许只是需要一些时间去沉淀经典。导演导流"粉丝"无可非议。第一部中文网络剧拍摄时我去过现场,见过当红的演员佟大为对着镜头说台词。

同学问:上次老师提到灾难片之后,我去看了《流感》,想问问老师对于"杀一救百"(牺牲少数以拯救多数)这样问题的看法。

答:这是典型的"搬道岔"假定,我本人倾向于不同意。上节推荐的《战略特勤组》看了没有?人类在此议题上有纠结是正常的。

同学问:老师觉得文学和电影是什么关系,能否把电影直接理解为文学作品的视觉化产物,文学作品和电影在艺术性和表现力上有没有高下之分?

答:电影当然是独立的艺术样式。但它可以从文学中汲取养分,就如同戏剧一样。不同的载体在艺术表现力上肯定有区别,但未必是高下意义上的区别。

同学问:那些被成功改编为影视作品的小说是否具有什么共性?如何看待如今小说作品影视化的热潮?中国原创编剧人才是否稀缺?

答:讲故事是一门大学问。笼统说,就是从人性出发倒推,而且电影工业尊重工业规律。我们不缺编剧,我们缺原创。

线上答疑： 新环境下教法探索

同学问：请问老师如何看待"追星文化"？老师对同人文（使用原作品中的人物设定/现实生活中的人物创作故事）有什么看法？

答：我理解追星文化，但我不追星。我崇拜陈丹青，我买他的书，但也绝不会做任何超出社交常理、社会伦理的事情。同人文，这概念或许是新的，但其实做法一直都有啊。《月光宝盒》是不是《西游记》的同人文？詹妮弗·安妮斯顿主演的《流言蜚语》就是《毕业生》的同人文。

同学问：怎么看待同人文的创作自由？

答：法律上的版权规定我没研究。但如果我写个"西游记后传"，是不会理会类似六小龄童那种卫道经典的，但若写个皮皮鲁的反常故事，也许要尊重郑先生的意见？

同学问：王老师，你更喜欢西方哲学还是中国哲学？

答：哲学也属于广义的文化范畴吧。我觉得，文化强调的是多元而非优劣。我们还是不要讨论这种有歧义的话题。我只知道，黑格尔对中国哲学有些不敬之词。为了避免虚无，就不一一转引了，你可以批判性检索下。

同学问：老师怎么看待不同的哲学写作方式？比如尼采喜欢使用语录体的形式写作，周国平的哲学写作倾向于散文化表达。有读者认为周这样处理哲学问题过于肤浅，甚至是在为了迎合读者的需求而熬制心灵鸡汤。请问老师是怎么看待的？

答：大人物述而不作都行啊。但周老师的文字，我真没看下去。在我的印象中，他属于南怀瑾、星云大师一类。我就不妄评他人了。说个题外话，一个活人怎么能允许别人喊他大师？何况他也没说过超越于丹、陈果的名句。

同学问：老师对《围城》是如何评价的呢？对于诸多学者认为《围城》无法媲美《彷徨》《子夜》这类作品的想法怎么看？

答:关于文学的取舍评价,我会有专题谈及。暂时只能说,我个人还是更喜欢《围城》。总之既然是评价,就属于主观认知。不同的人编写文学史论,会有不同的排序吧。其实即使是教科书,我当年用的和你今天用的就不同。

同学问:亦舒说,"文学作品的经典性正是由于它的历史性"。于此有人诠释为:经典之所以是经典,因为它通过了历史的检验。想知道老师是怎么看待这个观点的。

答:我不是亦舒作品的读者。不太清楚她这句话的上下文。就字面理解,就是大浪淘沙? 有一定道理。我前面例举过《蒙娜丽莎的微笑》,说到它的优秀以及可能被过誉的神光。

同学问:想知道老师读过最多遍的书是哪一本,原因是什么?

答:《马克思恩格斯选集》……我还是说说,排在第二的《儒林外史》吧。因为看《儒林外史》,我常常分不清自己是读者还是演员。

同学问:文史哲方面的书籍对当代大学生有怎样重要的引导意义? 是否应该给小学生推荐此类书籍呢?

答:我们不必这样功利。前面说过,文史哲不仅贡献学业,更有益成长。假如升学不是唯一目的,而人才没有统一标准,文史哲有助于有趣的灵魂和独立的人格的培养。

同学问:文学作品是否可论格局大小?

答:这个要专题说。总体而言,我觉得允许错综。在此基础上,我认为有格局大小。

同学问:老师如何看待青春文学刊物《萌芽》以及它举办的新概念作文大赛? 它颠覆了现有的人才培养模式,所挖掘出的许多写手出版的书籍甚至畅销全国,我们该如何重拾语文教育的审美性与人文性?

线上答疑：新环境下教法探索

答：高考被比喻成独木桥。所以我确实希望有其他的选优体系，为我们贡献文化与文学的多元标准。事实上，大学中文系也不培养作家。语文教育的教改方向，我认为就是跟学校本身一样，是要更多让学术而非行政推动。

同学问：本人对纪实文学有一定的兴趣，前几天看到了一段话，因为自己对此了解不深，所以想问问老师的看法。"一直以来我对当代同龄人写作的时代背景挺悲观的，我特别能明白和理解一些同龄的年轻人，对富有的、充实的，看上去很快乐的都市生活的向往，尤其是对中产阶级的、对精英阶层生活的崇拜。这种对好的生活的向往其实并不可悲，因为生存是生活的基准，美好的希望也是我们继续努力的动力。但是这种所谓对精致生活过度的向往，就会渐渐地让我们开始对那些远处的、底层的、无助的但是真实又响亮的声音置之不理。有时候甚至'向上看'这个动作本身就在加剧不同阶层的一个矛盾，也是在消灭现在不同群体和圈子之间的同理心。所以在城市生活这么久，我越来越觉得其实'城市无故事'，尤其是中国越来越趋同化的城市建设。你能感受到城市里挤满了很多积极向上的年轻人，但这些年轻人的愿望其实和中国的城市化很像，那就是趋于相同。所以我觉得其实学会'向下看'是当代我们这些年轻人和同龄人们都特别特别缺乏的一个动作。"

答：感觉这段话糅合了多个问题。随便说几句吧。首先，相对于所谓纪实文学，我还是更喜欢"非虚构"这个概念。毕竟，我们以纪实为名，让宣教腐蚀新闻文体太久了。其次，城市并非没有故事，而是没有讲故事的剧场。我们当然可以向往精致美好的生活。城市的粗鄙，绝不是因为城市作为人类文明成果本身。趋同化的城建，在于你是否有渠道对城建说不，并且真的能影响决策。

同学问：近年来，高考作文的主旋律越来越高昂，正能量越来越多了！昨天有个高三的学生问我怎么写好作文，并和我说他们老师要求高考全国卷议论文要写成标准的"三段分论式"，这样方便统一阅卷，好拿高分,但这好像有点难。我……该怎么回复比较好呢?

答:高考是不是他唯一的选择,如果是,就努力配合得分技巧。然后等过了独木桥,再反思问题谋求变数。

同学问:最近"文学自由"这个词被炒得很热,从我的角度来看这个词有些不太妥帖。文学作品由作者产生,面向读者,即使部分类型的作品有自己稳定的读者群体,但在大环境里或许会被"圈外人"诟病,那么所谓的"文学自由"又该如何理解?

答:这个词本来应该属于常识,而不是靠"被炒"才进入视野。文学不怕诟病,怕只许赞美。

同学问:小说家"必定要敢于有'不名誉'的言行,必定要敢于写违背道德的作品,否则便会导致小说家的死亡"。这是川端康成在《夕阳原野》中的一句话。老师怎么看待艺术与道德之间的关系?

答:道德是沉淀的公序良俗。包括小说在内的艺术,可能会突破边界标新立异乃至惊世骇俗。只要不违背人类文明的底线,不触碰带有共识性的公理(比如你不能以偷盗作为行为艺术),那么我觉得可以对创作保持宽容。比如张三的作品温婉清新,李四的作品黑暗断裂。我们要做的也许只是类似电影上的分级。比如过于暴力和血腥的作品,要避免给未成年人接触。但我也不认为,小说的优劣,就看谁更没有顾忌,它不是唯一的评价标准。

同学问:老师在上节课的答疑中提到了文学不应该被其他东西劫持,想问一下,老师认为创作的界限在哪?或者有没有界限?同时,有一部分人认为文艺创作应该遵循正确的伦理观,老师怎么认为?

答:界限是有的,可以参见上条。李白最好的作品,肯定不是"云想衣裳花想容",也未必是"仰天大笑出门去"。因为奉命之作难免粉饰,而名利之心,也妨害了境界胸怀。

同学问：老师对于抄书做书摘这种读书方法作何看法呢？

答：我干过。假如它能助兴阅读，我觉得也无妨。但总体而言，这个方法对应的是前电脑时代，我个人还是更喜欢互动性质的眉批。

同学问：由经典的文学著作改编的影视作品质量为什么会日渐式微，比如1986年版《西游记》、1987年版《红楼梦》是很多人心中的经典，为什么经典不再延续，取而代之的是现在的影视行业被各大IP（文化行业习惯用语，大致意思为"知识产权"）小说改编占领市场，对于这种现象，想问问您的看法。

答：我们对于伴随成长记忆的影视作品，难免会不自觉地美化。1986年版的电视剧《西游记》几乎全国、全频热播，会不会是另外一种可能呢？比如有没有可能是因为当时整个文化市场相对贫瘠，可供对比选择的空间逼仄？我小时候的经典影视作品是《小兵张嘎》《地道战》。我对它们有美好的记忆……事实是，我并未接触过其他的文艺形式，而且坦率地说，很多制作非常原始和粗糙。

《读书》课后答疑 5：
同温层就同温层

同学问：蒋方舟曾在演讲里提到中国文学在世界文学里其实是很受歧视的，就像我们在书架里面突然看到一本以色列文学和巴拉圭文学一样，并且惋惜当下优秀的青年作家还没有成批出现所带来的断层。所以想请问老师，一是如何看待中国文学非主流这个说法；二是这种断层现象真的存在吗？如果存在，您是如何看待的？

答：我印象中的世界地图，都是中国在中间的。我脑海里的世界，就是以中国为中心。这可以理解。所有的民族自信和民族自豪都可以理解。我的自信和自豪，仰赖四大发明，但不会仅仅仰赖四大发明。对于历史，成长中的教育应该更加公允和全面。文化强弱要靠作品说话，而不能只躺在老祖宗的臂弯。异域文化的遭遇，也不能总是用过去的意识形态工具来解释。印度是弱国，但宝莱坞也有很好的海外票房。宝莱坞的电影厂老板有政治立场，但赚钱是他的主要目标，导演也未见得听他的。我们既然有自信改革开放，就要敢于承认，并非所有的国际发行都是文化侵略。你在电影院看到的译制片都有国家广播电视总局背书。如果我们确想在这个方面争胜，应该努力让中国文化以市场的力量走向世界。至于欧美书架或者报纸上的中国题材，是可以量化的事实判断，你不妨去做做功课。我们应该加强与外面的沟通，但不能简单把对方的投资热情当成必然的价值认可。反正，你们年轻人多努力吧。希望国产影视横扫环球，而不是仅仅在城市广场循环播放形象片；更盼望我们的

线上答疑：新环境下教法探索

图书版权输出横空逆转,并且题材不限于出版资助的那些品类。

同学问:莫言在一次讲话里说,对于人类贪婪的财富欲望和权势欲望,文学与法律、道德是基本保持一致的。但对于欲望,尤其是升华为爱情的欲望,文学作品却经常地另唱别调,有时甚至扮演吹鼓手的角色。对此我们怎么理解呢?这种文学是有害的、需要限制的吗?

答:首先,这门课不假定老师必然洞悉一切。其次,文学相比法律和道德所规范的空间大一些,这不算什么意外吧。第三,我在爱情议题上有点冷静的科学倾向,也许你可以看下阿城先生的《爱情与化学》。然后,我是莫言作品的读者(顺带推荐《白棉花》《父亲在民夫连》《十三步》),但我不是莫言的崇拜者。我只在南京大学听过他的一次讲座,直觉告诉我,他生活中是聪明圆活的。

同学问:我在读《儒林外史》的时候,发现作者有将清代雍正、乾隆年间士人行为的一些素材,经过审美幻化,前移了将近二百年,也就是移到明代成化至万历年间。比如,不上推到明朝初年而推到成化末年以后,让元朝末年的王冕叹息"天可怜见,降下这一伙星君去维持文运,我们是不及见了"。想问老师,这仅仅是如论者所强调为了避免清代文字狱的迫害,或者加上为了避免作者身边的人事纠缠吗?还是它应该存在着更为积极和深刻的匠心,比如是为了从历史上寻找文化风气和文化精神的契合点?

答:私以为,更像是王权时代的文字避祸,或者文学创作寻常的虚虚实实。如果真是在历史上寻找文化风气和文化精神,明朝又是什么知识分子的好时光?泰伯祠大祭,才反映作者的礼仪理想。王冕感慨的文运,并不是值得骄傲的文运,我没看出有褒义。

同学问:《水浒传》人物中女性占比例不大,且其形象大多取材于社会底层。老师如何看待《水浒传》中各类女性形象的塑造以及书中传递出的女性观?

答：这个问题好像课上提过一句。师道尊严，我就不调侃潘巧云的朋友圈了。总之我最反感的，是扈三娘那种爱情观。我最喜欢的，是具有烟火味的普通女性形象。比如雷横的勇敢为他"解索"的娘，以及给林冲缝补浆洗的李小二的浑家。

同学问：如何看待《西游记》背后的信仰解读？道佛斗争是不是隐藏着作者自己的信仰倾向？

答：那是一说。但我本人相反，更看重其中的世俗烟火。比如索贿的看经人，藏私房的猪八戒。文学上我不是专家。我觉得《西游记》更像是借民众熟知的神话经典讲人间故事。

同学问：四大名著为何都是以悲剧结尾？魏蜀吴"三分归晋"，一百单八好汉死的死、逃的逃，昔日繁华宁国府"白茫茫大地真干净"，《西游记》最终师徒成佛又何尝不是一个悲剧。而我们现在的文学、影视作品，却倾向于将结局打造为皆大欢喜、一片圆满。悲喜剧的结局会不会影响我们对一部文艺作品的喜好，或者说悲剧是不是更容易成就伟大的作品？（当然不乏优秀的喜剧作品，莎翁就是一例，只是感觉悲剧小说往往受评更高）

答：说《西游记》是悲剧结局是不是有点勉强？其他几个也许是某种审美自觉——一般人的认知里认为悲剧更深刻高级，这多半受西方文艺理论的影响？不去完整引用名言了，美好的东西撕碎，可能确实更容易击中灵魂。我当然不赞成金圣叹对《水浒传》的腰斩，虽然后半部分确实也写得不咋样。《三国演义》开篇杨慎的《临江仙》是后加的吧，是不是说明书商都明白那个情感基调。《红楼梦》不用说了，"兰桂齐芳"的续书多少人觉得俗呀。

同学问：为什么人们存在悲剧比喜剧更显深刻的感觉？一个电视剧大团圆的结局好像比遗憾的结局掉了一个档次？

答：见前条。另外，你也可以检索以延伸阅读文艺美学。我想了下，

线上答疑： 新环境下教法探索

如果罗密欧跟朱丽叶幸福牵手，黛玉和宝玉白头偕老——而且还接受宝钗与湘云的祝福，没一点纠结和挣扎，似乎确实不像话。

同学问：四大名著对小学阶段的学生来说可能会比较深奥，我们该如何给他们提供一个让他们更好地阅读的线索？

答：首先，窃以为四大名著也没那么深奥。其次，可以选择场景化分解小故事。比如：武松打虎、青梅煮酒、大闹天宫与黛玉葬花。

同学问：中学的时候很喜欢一些女作家"生活向"的散文集，读到带有价值偏向杂文的时候，抛开立场选择，总觉得文章缺少一些东西。有个女作家公开演讲"不在乎宏大叙事，只在乎生活细节"，很多人把这一问题认作是格局问题，老师怎么看待？宏大叙事和生活细节是否真的对立？

答：不是必然对立。世界上大概有对立的地方。当国、民的利益同构程度高的时候，人们就愿意分享尊严与荣光，甚至为她流血牺牲。

同学问：近几年很多作品被指出抄袭、融梗，但文学创作有时避免不了借鉴，比如莎士比亚的戏剧创作也有借鉴前人的部分。老师认为如何更好地界定这两者？

答：这个要做功课。我猜，法律上应该有量化的规定。我希望，你可以以此为题进行课后调研，然后某节课跟我们做个分享？

同学问：老师认为阅读（合法出版物）是否需要建立"分级制"呢？电影因为暴力或色情的场景对青少年造成直接冲击，因此需要建立分级制度，但是阅读带来的是对价值观潜移默化的影响，很难去规范某一个年龄段该读什么书，也很难说这些书会对一个人造成什么样的影响。读书是一种关乎个人理解能力的行为，是否该被限制年龄？

答：当然应该。有些拧巴需要拨乱反正。比如当年，文学爱好者买不到某些文学经典，甚至公园的恋爱青年会被驱赶，但小孩儿却能租到不正规的出版物。这是不对的。规范肯定可行。你甚至不需要专门创造一个规范,因为有太多的现成规范可以借鉴。

同学问:想问一下老师,您认为中国电影有必要实行分级吗? 私以为像《八佰》《英格力士》这样的电影无法上映与分不分级无关……如果需要分级,老师认为分级的标准应该如何? 效仿美国或者韩国吗? 国外对文学作品也没有进行严格的分级,如果要对文学作品进行分级,那和电影分级又有什么不同呢?

答:分级制度是现在能找到的区分受众最好的办法。当然,不同国家要根据自己不同的文化背景设置。阅读分级确实有点困难,但监护人也许能发挥作用吧。

同学问:听说过这样一个观点,中国现在的中学语文教育缺乏真正的文学教育,尤其是小说教育,教学的大量时间都用来学诗词歌赋,这也导致中国学生对于好的文学作品普遍缺乏判断力。老师您觉得当下的中小学生需要怎样的文学教育?

答:中学语文,我觉得就是一步步回归语文……语言文学本身。从这个角度说,进步还是明显的。你不会想到我当年的课本:文学未必是主要的考量指标。现当代文学,我认为小说的重要性远比散文诗歌重要。

同学问:对文本的诠释有界限吗? 如何把握诠释的界限?
答:没有绝对。只要不牵强附会就行吧。

同学问:现在为了专业学习常常会阅读社会学、心理学等专业书籍,但是经常会发现读完一本书之后想不起来书里具体都讲了什么,但是又不想和教科书一样背书、画重点,请问老师您觉得对这种专业书是多读几遍比较好还是正常阅读之后将知识融合到一起,或者老师有什么更好的建议吗?

答：有。我自己是用倒推法。比如需要认识焦点议题时检索认识工具，比如写作时的理论溯源，等等。

同学问：如今大家似乎都锁在各自的"同温层"里，表达观点往往只会激化情绪和矛盾。在这种情况下，发表观点是否已是无意义的行为？

答：锁在"同温层"是指信息茧房吗？我没那么悲观。"选择接受"的假说一直有，但互联网的拆砖比添砖效果明显。辩论的风度需要训练。在网上吵架的网友，在生活中说不定也不排队。我的意思，这不能成为从此闭嘴的理由。而且即使在"同温层"也有意义。鉴于互联网语境中的相对缝隙，能给同道者提供立场确认，也是传播的价值之一。比如我的公号固然寥落，但它发表在纸媒上，很可能更缺少呼应机会——我的意思是鉴于表达方式和内容，说不定它根本没有纸媒发表的可能。

《读书》课后答疑6：
可以无用，何况有用

同学问：有人说现在的媒体喜欢吹捧，对于一些人物、事件过度美化，采访时会塑造出比较完美的人物形象以树立榜样。但社会学习理论强调榜样要是可学的，过于完美的形象难以学习。老师如何看待这一现象？

答：我觉得对比那会儿"高大全"，还是现在的情况更好，至少你可以提出这样的疑问。即使没有更好，也是因宣教基因未被清算。"榜样"说，恰好反映了媒体定位的这个惯性，其实它原本就应该强调服务而非训诫。

同学问：老师如何看待记者因为写抗灾的文字被表彰并因此受到网络争议这件事情？

答：关键词是主流舆论场和民间舆论场。当两者关系紧张的时候，你被一方打赏就会被另一方抛弃。温和说法，当然希望两个舆论场能价值同构。或者哪怕，通过良性互动实现妥协和谅解。毕竟，疾风暴雨的处理办法成本更高。

同学问：现在的年轻人群体似乎会有反传统的逆反心理，对一些包装很漂亮的"舶来品"往往不加判断就全盘接受，甚至还会产生一种小众优越感、自我感动感。老师是怎么看待这一现象的？

答：年轻人有反传统的心理，并非只是"现在"吧。上世纪初的年轻人反不反传统？总之我不贬低质疑精神，但也呼吁常识、理性和逻辑。多次说过不要用歧视性词语标签群体，也不认为"年轻人群体……对舶来品不加判断就全盘接受"，如果其中有人这样，我猜一定是个人常识、理性和逻辑的缺失。说实话，我的经验库里什么样的年轻人都有，也有盲目崇古而且对外部世界抱有敌意的啊。

同学问：怎么看待北京理工大学出版社出版的民国大师系列图书的书名（胡适《此去经年，许我一纸繁华》、沈从文《一指流砂，我们都握不住的那段年华》、梁实秋《陌上谁人依旧，固守流年》、张恨水《烟雨纷繁，负你一世红颜》……）？

答：这类书，过去口碑好的是广西师范大学出版社出版的。上面所列书系我没见到，你可以向大家介绍和评点。在我上学的时候，民国题材还在视野之外，很多现在畅销书的作者，还是教材里的反面人物。不过我在课堂上说过，我不赞成因为过去的妖魔化而天使化，文学史地位也不等于文学价值。这个作者名单里的人我不认为都能冠以"大师"头衔，而且书名看起来……坦白讲有点鸡汤。

同学问：纸媒疲软，文学期刊的发行量下滑，随着发表和出版渠道的增加，文学期刊也不再拥有文学发表的垄断地位，在文学市场中的话语权也在削弱，它的黄金时代似乎已经过去；但同时，有的文学期刊的稿酬也在提高。纯文学期刊可以说是一批文艺青年心目中的"伊甸园"，您对文学期刊互联网转型的看法是怎样的呢？

答：纸媒的疲软是一个现实。不过我不特别担心，只要新闻和文学不疲软。好比BP机消失有什么要紧，总会有更好的信息载体替代。我们成长历程中对书的美好感觉是可以理解的。就像我这代人，对绿衣天使（邮递员）、对信笺的记忆。但自从有了微信，我几乎连E-mail也不发了。纯文学期刊可以保留。文艺青年如果喜欢，就花钱支持它。一个常见的例子：现在都全民上网了，丝网印刷也还存在。

同学问：随着移动通信技术的不断发展，碎片化阅读会是不可逆转的趋势吗？如果人们习惯了碎片化阅读，深度阅读难度加大，人们的阅读水平相较从前是否随之不断降低？

答：碎片化未必是深度阅读的对立面。而且，移动通信也未必碎片化。据了解，微信里的长文，也不是没有读者。更重要的是，无论如何，我们回不到竹简时代了。

同学问：在电子书如此方便的情况下，为什么纸质书越来越贵了？

答：我没觉得两者必然矛盾。

同学问：单向街书店上个月曾在公号上发起众筹，众筹后书店真的会好吗？如何强化人们对书店精神公共领域角色的认知？

答：挺好。传统书业，利用互联网理念寻求互联网时代的存在挺好。书店可以作为公共空间的场景、背景和舞美，但作为产业却容不得浪漫：你卖多少码洋，你有多少成本。单靠传统模式经营很难。我希望有钱人可以多贡献书店，要么为情怀，要么为公关，哪怕为面子。文艺青年也可以多多支持，至少你可以去象甲书店听听音乐会、去可一书店看看美术展。另外，伯爵夫人的沙龙也可以成为公共空间，但公共空间不是非得依靠胸怀广大的伯爵。我们现在缺书店，但我们现在更缺公共。

同学问：老师如何看待装修设计重于产品内容的"精品"书店的崛起？

答：我理解现在的书店都强调一点形式感。毕竟理发店也可以有格调，咖啡馆也可以有情趣。我对传统书业本身确实不怎么乐观。现在很多书店做文创产品，这当然都是可以的。

同学问：上大学以前我一直都是纸质阅读，上大学后我越来越多地阅读电子书了，原因主要是携带方便，资源获取容易，更便宜，也可以边看边做电子笔记，但是在阅读感受上总觉得少点什么，特别是电子书存

线上答疑：新环境下教法探索

在排版不美观等问题,大多数电子书影印版的阅读体验都比不上纸质书,两者各有利弊又难以两全。老师您觉得之后电子书会不会更加注重读者的阅读体验,从而进一步挤占纸质图书的发展空间呢?

答:会。纸质阅读就曾"挤占"原始社会的"岩壁阅读"。电子阅读从荧屏到电子墨水,是越来越符合人体工学了。我相信科技能创造现代舒适,而新产品也会慢慢沉淀诗意。

同学问:虽然现下电子书已经越来越流行了,但在阅读过程中总有一种"电子书不属于自己"的距离感,在纸质书越来越无法满足阅读需求的情况下,需要克服这种排斥心理吗?应该如何克服?

答:我过去常觉得支付宝里的钱不是钱。我喜欢纸币的感觉,甚至觉得压在枕头底下才是自己的。

同学问:老师认为理想的大学图书馆可以是什么样的?

答:理想的大学图书馆是……不用抢位的?嘿嘿。其实,我觉得是有中国的博尔赫斯做馆长。

同学问:老师如何看待现在网络上的"公知"频频"翻车",如何做一个合格的"公知"?

答:"公知"现在公认被误读了。其实,"公"是"知"的题中之义。合格的公知,就是既有原创思想(知),又有社会担当(公)。

同学问:有人认为不应在描写人物对话时加入诸如"愤怒地""欣喜地"这些描述主角感情的词汇,因为主角的情绪是错综复杂的,而这些词只能够表达出人物单一的情绪,会限制读者自己体会、揣摩人物情感、人物心理的能力,使读者对人物的理解单一化。如何看待这种看法?这种做法可取吗?

答:喜欢白描的作家可能会克制使用形容词副词。但"法无定法",也没有绝对的。

同学问:有的大家强调博古通今,广泛阅读,有的却倾向精读几本。我想知道王老师更倾向于哪一种方式?为什么?

答:"博而返之约"。我不是第一次转引这句话了。

同学问:我曾经向一名高一且已经选择文科的同学建议多读书,并给他推荐了一些文史哲方面的名著。我的初衷有二:一是文科生提升基本文化素养需要依靠课外阅读,不能仅靠课堂学习;二是从应试角度而言,阅读对考生的语文写作、历史、政治学科学习都有帮助。但个别学生表示"读书不如多做题",这是目前我们教育的痛点。我本人曾就读于一所比较包容、开放的高中,更注重素质教育,老师也鼓励我们多读"闲"书,甚至每周将一节语文课专门辟为自主阅读课,所以我在潜移默化中对"读书无用论"天然抵触。请问我应该如何驳斥学生和家长的这种思想?至少可以让他们在不影响学习的前提下多进行课外阅读?

答:职业上就遵照职业伦理。如果是你自己的孩子,则按照自己的方式选择教育模式。如果没法自主选择,就设法缓冲所谓应试教育的后果(如果不得不应试)。至于有用没用,第一节课就谈到了。可以无用。何况有用。

同学问:对于自己不感兴趣领域的书有读的必要吗?

答:看情况。比如你要考研,而考试书目里有你不感兴趣的书,那也不得不读。

同学问:网络上如果出现一个有热度的话题,就会有一堆媒体跟风,给人造成短时间内同类事件频发的感觉。我想问一下老师对这一现象的看法。

答:还是多信源能解决的问题。一个有思考能力的阅读主体,在互联网时代是不用担心"失明"的。

同学问:在阅读外国文学时,偶尔会遇到关于宗教问题的理解阻碍

线上答疑：新环境下教法探索

(最近在看《橘子不是唯一的水果》,书里大量的基督教故事看得云里雾里),老师觉得这种阻碍是个人阅读面太窄引起的还是受中外文化差异的影响呢?

答:文化背景的差异不仅有中外,还有古今呢。但我不觉得会有障碍而无法克服。

同学问:西方国家的古典式公共设施多是近代建造的,美国尤是,其在近代罗马建筑考古学和工艺美术运动以来不断发展的近代建筑思想下营造了诸如宾夕法尼亚车站和许多州立图书馆等著名建筑,但中国并没有类似的历史和契机,却能在短短的数十年时间内营造出许多极为辉煌的现代主义图书馆建筑,在实用性和美观性上同样达到了要求甚至超过了,因此对主题和氛围的过于重视是否也是一种浮躁和本末倒置的表现?

答:其实我更关心,我作为普通市民,有没有渠道对于花费公帑的建筑表达意见——无论是否立项,还是审美异议。这个问题解决了,其他问题都好办。

同学问:曾经看过林少华的一句话,"日本文学越看越小,俄国文学越看越大",老师如何理解这一点?

答:这种格言体的表达,容易被传播,但应该不是全面的评价,也未必是普遍定论。我得承认我也有近似的阅读印象,而且猜测,这种现象很可能跟他们社会背景和文化传统有关。不过坦白说,我看的也并不算多。

同学问:很多经典的历史文学塑造了很多不同的人物形象,例如《西游记》中的孙悟空、《三国演义》中角色鲜明的武将等等,但是随着现在有历史文学背景的网络游戏的泛滥,这些文学角色的黑板印象逐渐被游戏重新塑造并广为传播,老师怎么看这个问题?

答:那个作为母本,衍生更多文化产品是合乎情理的。

同学问：上海有位教授在电视节目里说很多作品不必读，我个人觉得阅读的选择还是比较私人化的，老师怎么看待这种建议呢？如果以老师的角度看，是否有书是不值得读的？

答：这可能是他对于出版市场或者创作现实沮丧，从而发出的激愤之辞。但我不同意。当代也是有高人的，虽然评价制度和世道人心未必将其放在一线知名的位置。作家畅销也不是必然廉价。米兰·昆德拉很畅销，张爱玲、鲁迅也很畅销，王朔、陈丹青、莫言、张贤亮都很畅销，我觉得并非一无是处。古老的哲学是朴素认知，不一定无限拔高，但也不是毫无营养吧。鸡汤成功学确实不用读，但我觉得他这话……也有点励志成功学哎！

同学问：为什么大量现代诗像抽象画，不经过"行家"解读，就不知道在表达什么。是诗对人们鉴赏的门槛提高了吗？

答：我就别谈诗了吧。也许你可以去检索我的旧作：《三大俗：海子、顾城和哥哥》。

同学问：老师觉得文学是否是"对抗 AI 的最后一道防线"？

答：哈哈。其实，我也怀疑。至少，我十年前用写诗软件写出的诗歌，都比现在的"老干体"强百倍。招了吧，我拥抱 AI（当然会沉淀对应的新伦理）。

同学问：新媒体以其方便、快捷、互动性强等优势迎合了大众的口味，但是凡事都有两面性，新媒体从业者也暴露出了诸如制造虚假新闻、新闻娱乐化、新闻侵权等职业道德失范问题。面对这些问题，新媒体从业者怎样在坚持新闻真实性和满足自身盈利需求之间获得平衡？

答："凡事都有两面性"就是无意义的套话。我也说个我讲过无数次的套话吧：菜刀也有两面性，毕竟菜刀可以杀人。

《读书》课后答疑7：
孤独也挺酷的

同学问：老师课上提到了科普的重要性，我想到网络上流传着很多与食物相关的谣言，虽然早就有科普类的视频和文字辟谣，但是这些谣言至今仍在很多人特别是中老年人之间相互传阅。这类谣言并非关系国计民生的大课题，不过是让人不吃或少吃一点，也没有恶劣的后果，但它确实反映出了大众知识的匮乏。老师认为对于这类谣言需要进行有针对性的、强有力的科普吗？有人在评价此类问题时说，如果把谣言杜绝了，就相当于把人性抹杀掉了。老师如何看待这样的说法呢？

答：抹杀人性的说法是没根据的。人性不是愚昧的借口。乔布斯用东方瑜伽治疗癌症，这是他的个人选择，多元化社会兼容光怪陆离。但公权机构、媒体和科学界，都不能支持循证医学之外的愚昧医学。这就是为什么，就算各种养生大法从未消失，世界上却少有官方主导的医学院，会把诸如放血疗法引入课堂。实际上，他们根本不会有有司主导的原始医院。所以，科普肯定要大大方方。科普当然关及国计民生。在前面某个点上，赛先生一定会重合德先生。我们今天的社会文明，或多或少都从科普中受益。至于有大爷愿意拍手抗病——只要他不拍公园的树也只好随他。不过我排斥任何群体性歧视标签。我不迷信青年。如果老年人给你那样的印象，多半跟他们的成长环境有关。也正因为如此，我才会推荐诸位订阅科普公号。

同学问：最近媒体上经常出现"攻坚战""冲锋"等类似战争术语，大多数人对这种说法已经司空见惯，但是也有人认为战争术语的大量出现，是新闻叙事中战争隐喻泛化的一种表现，会放大对抗性，导致人们错误地认知非战争领域的社会现象或问题。但是这种战争隐喻在特定时期也会发挥强大的号召力等宣传作用。想问老师是怎么看待新闻叙事中的战争隐喻的呢？

答：隐喻是一种常见的修辞手法，我不排斥，但我肯定对"战争隐喻"保持戒备。因为战争通常是残酷的、狰狞的，以宏大口号动员筋肉的……而且正如你所说的，会放大对抗性。因此除非我们就是要强调这种对抗，否则肯定要克制使用。说实话，我觉得这种泛化，既对应一种落后思维，又表明某种粗鄙美学。就算它能对特定受众产生击中效果，那传播学还有伦理维度呢。

同学问：在互联网化的今天，书店能否继续以完全线下活动的方式存在呢？之前看过一个例子，巴诺书店，每年只有7%的销售额来自线上，忽视了网上销售，这是导致其日渐式微的原因之一，这是不是就说明书店也需要适应互联网新时代，进行网络售书？而这又是否会改变书店原有的属性呢？

答：作为一个业态，我觉得完全线下发展不太可能。而且又有什么必要，一定要完全线下呢？书店不仅要线上销售，更要汲取互联网的精神理念。当然我也理解实体书店的存在是某种仪式性的文化象征。但那就不要抱怨艰难，毕竟玩文化不是普通人能负担的。

同学问：老师上节课提到，人类还是有一些接近公理的审美的，在中学阶段培养错"口味"会影响之后的阅读兴趣……想请问老师：如果回到中学阶段，你最建议培养哪些"口味"（除了上节课提到的非虚构类）？

答：这似乎不是我的原话。但没关系，我大概能懂。我上节课提到了非虚构和科普。此前，我还提到了让语文回归语文，不让其他元素"劫持"语文。假如我们放弃了文学动员功能的首位度，很可能信天游调适、

线上答疑： 新环境下教法探索

张爱玲浮现，而周作人也会被重新解读。

同学问：仔细想想，其实我们逃不开统一的阅读要求：中小学生有"必读书目"，语文书也是必读书目的节选集，据说国外也有类似的书单。这种统一的阅读要求是否必要呢？

答：我知道国外也有书单，但不知道是不是统一的书单。即使有统一的书单，希望也是基于纯粹的业务推动，或者由社会共识决定的。必要当然也必要。比如我听说，人家也有给小学生阅读的"安全守则"，里面有"警惕陌生人接触身体"之类的忠告。我想，这跟我们的内容应该是大有不同的。

同学问：上节课老师提到了科普读物是我们需要恶补的，回想我高中以来的书单，确实如此。科普读物在我和同龄读者的认知里，位置就好像绘本一样，在义务教育阶段会读，长大后就被视为儿童读物，在书单里舍弃了。我的这一主观感受符合目前国内读者的心理现状吗？还是我处在自己的信息茧房里没有发现身边的好的科普读物？（读了一本老师推荐的科普读物，和我最近看的法国一位绘本家以博物馆为场景讨论"无限"这一命题的绘本，这两本书在我看来都是非常适宜成年人阅读的）

答：对。对于科普读物的忽略，很可能是结构性的。我的意思是，文化环境，可能鼓励了一种东西，抑制了一种东西。

同学问：我所了解的一些好的科普读物大多是国外作品，国内的比较少。如果老师知道，请推荐一下。

答：我们读书那个年代，只知道国内郑文光、高士其等为数不多的科普作家。别说科普，即使科幻，很长一段时间作品都比较荒漠。我们这代人，能记住的也就是《小灵通漫游未来》。国内的科普发展，在互联网时代有了改观。我前面推荐的果壳网之类，都还是不错的。

同学问：现代语文教育是否导致了某种实用主义阅读，如果是，这种实用主义阅读是中国人均阅读量上不去的根本原因吗?

答:语文教育,可能是受文学之外的因素影响。而实用主义,却牵涉整个教育制度。但我们也应该看到进步。毕竟已经有反思能进入视野了。

同学问:之前听到过一个说法,好像现在国内有些作品对于"青天大老爷为民做主"这种桥段还有一种情结,请问老师对这种说法有什么看法?

答:如果这个桥段受欢迎,说明还能应和观众的消费需求。

同学问:前段时间塞尔维亚总统武契奇因为对中国表现出的一些友好举动而在中国网络走红,甚至有崇拜者为他开通了"超话",给他发私信,等等。老师怎么看待越来越多的政治娱乐化现象?这是否是阅读的缺失间接造成的?

答:有人认为,舆论空间的现实,娱乐化无法避免。毕竟相对而言,那是比较稳妥的选题。

同学问:在原本许多译本已经被视为标杆和经典的情况下,为什么现在仍需重新翻译经典著作,是否还有意义?重新翻译和在已有水平较高的译本基础上进行修订,哪个方法比较好?

答:我没有调研。会不会是因为有些经典作品已经过了版权保护期,重新翻译能带来更高的利润?我觉得只要是市场行为,就没问题。读者会取舍,效益会调节。

同学问:有时候看完一本书,总觉得自己在囫囵吞枣,得到的仅仅是"我看完了"这种浅薄的感想,甚至时间长了书中大部分内容都被遗忘了,那阅读的意义是什么呢?是否应该苛求从每一本书上都得到一些切实的收获?

答:这个问题在谈论精读和泛读时讨论过了。具体看情况。有时候也没必要急功近利。阅读对于成长的意义,可能很多是潜移默化的、浸润式的。

线上答疑： 新环境下教法探索

同学问：我最近在读书的时候发现，自己貌似不太记得住书里写的东西了，读完之后就忘记了大半。想问问老师有没有过类似的情况，如何能够让阅读过的东西真正"为我所用"呢？

答：有。不必太焦虑。而且，即使有这种感受，阅读也未必没用。

同学问：如果小孩子阅读时喜欢只读个大概，不求甚解，读完后只大略明白发生了什么，却对文本中心意思没有理解。这样的阅读习惯如何纠正？

答：没事。泛读结合精读就行。也不是每本书阅读完，都要总结中心思想。

同学问：在这个被称作"后真相"的时代里，我们看到了太多的反转。我想问的是，信息和理性的关系是什么？如果信源是被组织的，要怎么在此基础上做思考和分析？我们要怎么去相信，怎么去选择？

答：我在讲到评论的课后答疑里，谈到过所谓"后真相"的问题。如果你有兴趣，可以去检索参考。简单地说，反转未必导致偏离真相，反转也许是拆穿谎言、逼近真相。互联网时代之所以被赞美，就是提供了多信源可能。怎么选择相信？如果你具有常识和逻辑思辨，你不会难以权衡。

同学问：在"恶补"阅读的过程中，反倒失去了对该书籍原有的期待，而这些恰恰被认为是成长的"必读"的营养书籍。这些书是否真的需要有一定的人生阅历之后再来看？还是我们有不读这些书的权利？

答：人生阅历和阅读有关系，但也不是决定性的。前面我说过，最好靠兴趣推动阅读，而不能仅仅凭借"有用"。

同学问：老师如何看待读书越多越感到孤独这种说法？

答：有时候孤独也挺酷的。我宁愿孤独，也不要因为不读书而浅薄。

《读书》课后答疑8：
齐白石怎样挂润格

同学问：马克思主义哲学认为社会历史观的基本问题是唯物主义，基本观点由社会经济形态的经济基础决定上层建筑，同时又承认社会的上层建筑对于经济基础和生产力发展的的影响。那么自改革开放以来，先富起来的那批人有没有完成或者即将完成自己所要担负的历史任务？

答：记得我说过，我不越俎代庖，去回答你们公共课上的问题。但有一点可以肯定，我不喜欢马云，但没打算去分他家的粮食。说真的，先富起来的很多人——如果你就是指单纯靠市场经济翻身的——也未必比我对这个世界更有安全感。

同学问：有的作家受到的争议很大，而且是一半人特别支持，一半人特别排斥的那种。您怎么看这种现象？

答：作家是"社会良心"。感谢任何私人叙事，也给我们还原事实，提供了主流叙事以外的比照。但我必须承认，有的作家放在当初微博时代的群像里，真没有很高明的见识。但这个艰难时刻，有更糟糕的东西需要解构，我不愿说他们的任何坏话——哪怕他们采信的某些落后观点可能有违科学精神……没准也折射认知能力。不过即使我不喜欢的作家，我也不愿对其做严重的指控，一个善良的人不该这样对待同胞。

同学问：非常想听老师谈一谈李敖，由于了解的关于他的负面评价

线上答疑： 新环境下教法探索

特别多，所以我读他的书的时候总是带着质疑，带着怀疑的态度分辨他说的是真话还是假话。

答：我以为，他的部分文名，是某种极端姿态带来的。但个人觉得，那种姿态是分裂的、可疑的。他没有打动我的作品。而且，他无趣的自大加深了我的坏印象。凤凰卫视以前有关于他的访谈节目，让人感觉就是不拘什么话题，最后他都能绕到自己，对着镜头，把自己夸得脸红扑扑的。

同学问：现在老一派文学家在文坛的活跃度逐渐下降，"80后"作家写严肃文学的越来越少，网络派占据主流，更加追逐经济效益。而关于时代、人性和生活大命题的优质故事变少了。请问老师怎么看待这个问题？

答："追逐经济效益"，在你那里是个贬义词吗？建议你去了解一下鲁迅先生怎么催稿费、齐白石先生怎么挂润格。本质上，文学不应该有年龄偏见，韩寒（"80后"）在我心目中，一点也不比浩然（老一派）逊色。如果你觉得"关于时代、人性和生活大命题的优质故事变少了"，也未必是互联网的原因。

同学问：如何看待网文作家与传统作家的收入差异以及越来越多的网文逐渐影视化，网络作家担任编剧的现象？

答：我对市场驱动的现象，一般都持宽容态度。作家的区分维度很多，除了你说的这个，我更关注的是体制内外。我更留心那些能从我的纳税中吃份工资的作家，他有没有写出对得起时代的作品。至于他是写在方格纸上，还是连载于"盛大文学"，无所谓。

同学问：非虚构写作大概在二十世纪五六十年代的美国兴起，但近十年来才在我国兴起、快速发展是为什么？非虚构等同于真实吗？

答：非虚构肯定比虚构接近真实。打着新闻旗号的虚构，比如报告文学，我相当不以为然——除非，你打算把《李自成》当成《罗宾汉》来阅读。兴起……那迪斯科是什么时候兴起的？你不会想到,上世纪八十年代,我第一次看到时的震惊。

同学问:非虚构"以"真实"作为写作所追求的目标,但是所谓的"真实",在当代却很难判断:作为个体的人能否认识真实的世界？叙述本身能否表现出个体所体验到的"真实"？在后现代主义的视野中,作为个体的"自我"是不完整的、碎片化的,也是不断建构的,而"世界"也并不是客观存在的,它只存在于人们所可能意识到的内容之中,"真实"只是叙述所造成的一种效果,所谓"历史"也只是一种文学或"虚构"。在这样的情况下,"非虚构"和"虚构"的界限会不会变得模糊呢？

答:我在评论班的课上,与"真实性"话题纠结了十来期。这反映了共同的焦虑,我能大概猜出原因。先不说你的后现代主义。我看到就是不可知主义。符合新闻道德的记录,与合流"强力"的刻意歪曲,怎么能混为一谈呢？严肃的史学著作,跟刺刀下的宣教大话没有区别？就算世界上不存在"原装"真实,我也宁愿相信罗斯福的炉边谈话,而排斥戈培尔的彩色招贴。世界在宇宙洪荒的背景下,可能有某种哲学意义上的缥缈性,但是它又是理性能够捕捉的坚实:比如我们的星球正在经历苦痛,如果你不戴防护去灾区,你可能因肺炎而倒下——这些都是试验可证的真实。

同学问:中国主流作家的作品以乡土小说为典型,大多数源于生活经验,写出的至多就是城市和农村文明的碰撞,而经验来源于经历,一种经历不可能凭空创造,也不可能被抹去。例如莫言的很多小说就是模仿的魔幻现实主义,虽然整体水平很高,但是却不具有开创性。想请问您对此有什么看法？

答:我赞成文化多元性。但是也不可否认,不同作品的影响力大小悬殊。我不知道目前谁算中国主流作家,是根据作品的现实发行量还是是否获得茅盾文学奖来认定？反正,我不承认文化创造力的生物学差别,也许我们应该从游戏规则中多找找原因。比如,1966—1976年的中

线上答疑：新环境下教法探索

国,那个时空里,全民写作"高大全",谈什么开创性?

同学问:老师觉得中国的文学是否有"乡土文学"和"都市文学"之分的说法?一个时代的文学特征总是要打上时代的烙印,那从目前文学养分的构成来看,都市经验更为丰富,新兴年轻一代作家的创作不大可能以乡土文学为主,那乡土文学会不会萎缩至终结?

答:有区分。一是确实有明显的区别,第二也因为约定俗成。但那并不是创作的壁垒,不是什么不可逾越的鸿沟。作家写东西,可能被文艺理论标签,但他创作时,未必按照课本定义对号入座。文学的取材标准,并非是看哪里热闹。"转型期"(姑且使用主流叙事偏爱的词汇)的农村变革还不能称为惊心动魄吗?其实,已经有学者以自己的家乡为原型,写出不错的非虚构作品了——那也是广义文学的一种可能。乡土文学,假如不是非得指马烽、赵树理,肯定不缺少所谓的"文学养分"。

同学问:社会大环境需要鼓励积极的"向前看"的文学时,反思伤痕的文学应该受到限制吗?

答:积极难道就是指高兴、排场、赞颂和庆贺吗?那人类情感也未免太浅薄了。

同学问:老师怎么理解"心灵鸡汤"的概念呢?"心灵鸡汤"确实有很大的逻辑漏洞,它通过描述不全面的事实,得出不可靠的结论,经常会犯像因果倒置、以偏概全、错误类比这样的错误,最后给人以虚假的希望。可是奇怪的是在高考作文里我也经常看到这种类似的故事,有些题目就如同是根据"心灵鸡汤"论证一件好品德的重要性,而课本中也有许多这样的故事,老师对此是怎么看的呢?

答:"心灵鸡汤",就是青春读物,无可非议。毕竟你不可能给三岁的孩子看《穆赫兰道》。给小学生当粮食,就已经营养不够了,成人还迷恋,就成毒食品。有人说"心灵鸡汤"是童话,那多半得是坏童话。安徒生的很多东西,我看,就一点也不鸡汤。比如,《皇帝的新装》。

《读书》课后答疑 9：
最近是 1991 年

同学问：上节课有一位同学提到身边同学中抑郁或躁郁的人数增多，我也有同样的观察，特别是高三阶段，大学里也有这样的情况。另外，大学虽然比起高中来说更自主更自由，但同学间的关系也不如高中亲密。这其中社会性因素更多还是个人因素更多？请问老师如何看待？

答：凡牵涉心理学专业问题的，恕外行不能轻易开口。但你说到的师友关系疏离，我是有体会的。这些年，我一直提倡同胞间的善意，抵制弥漫的戾气和敌意。我赞成社交常理，以善意回馈善意；关注邻居的不幸，并且回归家庭价值，等等。

同学问：看《人间失格》这本书的时候觉得心情很抑郁，很多人都说这是致郁书籍，但它为什么会畅销？

答：那不奇怪。因为对应真实人性的一部分或者一个侧面儿。

同学问：同一部作品，一部分人感受到的是励志悲壮，另一部分人却觉得悲惨致郁，两种情感有无高低之分？从中汲取到励志部分的受众是否才是真正读懂了作品？

答：作品评价是作品评价。观赏者的感受，是另外的话题。励志可以，但励志题材容易把复杂世界简单化，所以我个人比较警惕。比如有人说早起的鸟儿有虫吃，那就是把勤劳致富当成麻醉剂，削弱了比如"资

线上答疑：新环境下教法探索

本主义社会的结构性贫困"。

同学问：上节课讲座嘉宾分享了心理学方面的知识。联系到抑郁症，我想到了日本文学中常常出现死亡美学。想请问老师如何看待日本的这一类文学？我们在阅读这类文学的过程中如何能保证自己不被其压抑的情绪所过分影响？

答：我看过有限的研究文章，谈及死亡美学，大都从民族个性和文化传统的角度去挖掘和分析。死亡是文学的常见主题。不过，个人比较排拒过分诗意化的描绘。至于可能的情绪暗示，我觉得一个健康的身体，大概不会轻易被文艺作品诱导或动员？比如你和我，很少有可能因为看了《七宗罪》《汉尼拔》而决定效仿，或者竟产生干扰生活的影响。但也许原本具有病理倾向的要注意。总之，我不替心理学老师回答专业意见。

同学问：上周惊闻小区一高三孩子的不幸消息，街坊、微信传言，大致原因是母亲没收了孩子的手机，骂其沉迷手机游戏与影视剧而不复习备考。他读书再也读不下去，认为社会分裂、纽带断裂、原子与原子之间相互孤立，等等——您会觉得这种现象是教育现代化过程中的正常现象吗？我们通过读书是否可以跳脱出或者缓解苦痛从而避免走这种极端？除了高考压力、家庭环境等因素的影响，这与所读的书的品类、对接触的媒介依赖度是否有非常强的关联呢？

答：个案不用过度解读，毕竟这种行为并非始自今日。如果构成现象级别，就不能忽视，应该研究它所对应的社会深因。不管怎样，未成年人出现意外，大人有需要反思的地方。高考是普通人最上算的出路，既然不能不选择高考，家长就要努力缓冲它所带来的压力。

同学问：尽管对自身重要性产生错觉，但却使人快乐。"自我陶醉主义者"有可能成为现代社会的精神解药吗？

答：自恋、自卑，都是基本人性。没有达到病态的自恋倾向，我觉得也问题不大。但"自恋狂"无论如何不像是好词。毕竟，一个人不可能完全活在自我世界中,需要通过跟社会互动来调整彼此的"舒适公约数"。不要说邻居,你的家人是否能容忍"自我陶醉主义者"?即使决绝如梭罗,也要跟艾默生处好关系吧?另外,我觉得,现代社会的不同生态,急需解决的主题是不同的:类似有的在后工业社会,有的还在半农业社会。

同学问:上节课讲座嘉宾分享了很多外国电影,想请问老师近年来给您留下印象最深的国产佳作是哪部电影,为什么?

答:最近的一部印象最深的是1991年的《过年》。因为,相比鸡汤亲情,它揭露了即使亲情也难免存在的残酷和无奈。

同学问:近年来健康科普越来越受到人们的重视,政府固然是健康科普事业的推动者,也体现着科普事业的公益性;但与此同时,其他各种社会力量也在加入科普事业,健康科普逐渐向产业化的道路发展。请问老师认为如何才能平衡健康科普营利性与公益性之间的关系呢?

答:我从来不排斥盈利性。一般说来,靠市场推动总归没错。至于应遵循市场的规范和秩序,那是不言而喻的了。当然,有人做公益也是好的。

同学问:儿童文学以及动画作品之前经常被用来讲成人的故事,反映成人的世界,如郑渊洁的童话系列,但近几年这些作品又出现了过于低幼化的现象,两者都难以真正地从儿童的心理出发去思考问题,讲述故事。如何才能更好地平衡两者?

答:可以并行不悖。如果不能两全,我宁可选择安徒生也不要"喜羊羊"。对于低幼儿童,审美培育未必要低幼。

同学问:请问老师如何看待《安家》与《卖房子的女人》?我们该怎样拍出好的职场剧?职场剧要怎么处理真实与戏剧性的关系?

答:惭愧。都没看。只说句相关吧:我觉得,生产电视剧的文化土壤,可能比导演和演员更重要。另外,这个问题,你有答案吗?能把你的

线上答疑： 新环境下教法探索

观点分享给我吗？

同学问：网络文学是近几年比较火的文学类型，比起传统文学，网络文学好像增强了读者与作者的互动，同时也增加了作品的种类，比如"接力小说"，也不乏有像《明朝那些事儿》这类优秀作品，以及猫腻、今何在等优秀作者；但另一方面，网络文学特殊的商业模式和日更千字等写作要求，似乎使得平均质量不尽如人意，而且为了追求点击量和阅读量，很多网络文学也常使用模板式的单一写作套路。请问老师是怎么看待"网络文学是文学的新生"这个观点的呢？

答：网络文学是文学的一种可能。互联网作为革命性的技术工具，唤起文学领域的变化是合乎逻辑的。但《明朝那些事儿》又算得了什么优秀作品？挂过一耳朵似乎有点演义风格？作为促发兴趣的普及读物也算不错吧。大浪淘沙。至于网络文学良莠不齐，传统出版业也一样。你有那样的印象，也许是因为互联网门槛更低一些。

同学问：买文学书的时候老师更喜欢买长篇还是短篇合集？总觉得现代人缺少耐心，应该会喜欢短篇合集胜过长篇，但听到不止一个编辑说过长篇比短篇集更好卖，好奇市场上为什么会出现这样的情况？

答：文学书这里如果是指小说书，我确实更喜欢买长篇（短篇除非是欧·亨利的那种优秀作品）。市场的情况我没调研。会不会，喜欢小说的某个群体，在诸如年龄上具有某种共同的时代特征？

同学问：最近在读一些理论性比较强的书的时候发现自己很容易就接受了作者的观点，然后就觉得他说的什么都挺对的样子。但貌似从小到大老师们都在告诉我们读书要辩证地读，要有一些自己的思考，不能作者说什么就是什么，所以我还挺纠结这件事的，总感觉自己不太会读书……这一点，老师怎么看？

答：辩证地读，也不能说不对。但辩证得如何，更像是副包治百病的药。跟书中观点共鸣属寻常的事情。即使又被另外一本书说服，也不奇怪。再说世界复杂,不是都要非黑即白。我可以保证,你看得越多,你自己的审美主见就越多,而不是相反。

同学问:通过阅读我们也许会形成一套和主流不太相同的价值观,但是有时在现实生活中碰到类似的事情首先冒出的想法却和自己平时的观念是矛盾的,请问老师有没有什么方法可以缓解这种自我矛盾?

答:多元化的现代文明社会,不强求齐步走吧?我猜,一个丁克家庭受到的邻里非议,肯定比五十年前更少了。我认为价值公理必须尊重。在此基础上的立场错综没什么大不了。

同学问:严肃文学和纯文学似乎都属于精英文学,内容往往非常复杂,既体现极高的审美价值,又反映现实生活,想问一问老师可否对两者进行概念性的解构?

答:为什么一定要解构呢?

同学问:老师如何看待网络作品的抄袭事件中,受害作者普遍沉寂失声,对抄袭深恶痛绝的热心人士却熟练运用"调色盘"进行指控?有人评论说"都是看无聊小说,怎么还有人看出正义感了"?法律又究竟如何看待那些抄袭和雷同,为何它无力有效阻止抄袭狂潮?

答:我觉得争议性较小。抄袭就是抄袭。不过执法者主要在所属条口的管理机关,他们要提高效率。

同学问:在微博看到这样一段话,"如果你发了一篇客观中立的文章,那么你会收获两边的骂声。如果你将观点拆开,发两篇语言偏激的文章,那么恭喜你,你将收获两个大V账号"。我们被教导要客观全面地看待事件,但是受到追捧的却是偏激的观点,这是否是一种矛盾甚至病态呢?

答:这只是个俏皮话,算是对于舆论场现状的感慨,不能作为真正的行动准则。而且,受众也没那么蠢——不是谁偏激谁就能收获"粉丝"

的。另外,你去研究下,为什么在特殊的语境里,"理中客"也具有贬义了。

同学问:偶然在某微博的评论中看到一句话,"我们抹杀了诗性,又想将它建立起来"。很多人认为是当今快节奏的生活、越来越功利的阅读抹杀我们的诗性,我个人认为还有一个原因,是中学阶段诗歌的粗暴教育(比如程式化的诗歌鉴赏、标签化诗人等),不知道老师怎么看?

答:你的看法有一定道理。我有个观点,首先,诗既是一种文体,也是一种精神。诗可以是诗歌,也可以是诗意;其次,意象需要沉淀,诗意需要做旧。

《读书》课后答疑10：
我不是原著党

同学问：老师怎么看待好的文学内容越来越难被改编成好的影视作品？是否文艺作品（尤其是书）越接近完美，被改编成其他艺术形式的可能性就越低（比如我可能就没办法想象《百年孤独》被改编成电影，马尔克斯本人也拒绝这么做）？

答：我理解作家的骄傲和"粉丝"的情感，但我不迷信原著，我不是原著党（指小说、漫画等初始作品的崇拜者，在将原作改为影视作品时仍然只爱原作的人）。既然没情节的"故事"也能拍成精彩电影，我不觉得《百年孤独》是个例外。我过去推荐过《隐墙》，就是电影版的意识流。你有没有看过《送牛奶工的奇幻人生》？好不好先搁一边儿，你且看看一种可能……而且我觉得好。对了，你们可以关注下埃米尔·库斯图里卡，这个南斯拉夫导演。

同学问：这两年很流行将老的经典电影修复后重新在院线上映，这是否是打着技术噱头的圈钱行为？最近有消息称2012年上映的《复仇者联盟》也要再次上映，老师如何看待这种炒"回锅肉"行为？

答："回锅肉"好吃哎……对向崇拜者圈钱这一点我的态度也很宽容。你看有些热门剧，临时改编成贺岁电影，根本没什么像样的情节，但"粉丝"们一起乐呵，也无伤大雅。总之，只要是市场行为，我便不多话。再说这些"回锅肉"不只是"爆米花"，《海上钢琴师》什么的，都还不错吧。

只要它们不是从此不再创新,那就应该没什么问题。过去是有经典的。如果不这样操作,没准这些经典就沉睡在荒僻处了。比如《桂河大桥》,比如《十二怒汉》。后者如果有彩色版重映,我肯定去电影院观看。

同学问:最近我重看了一些电影,发现许多电影的拍摄手法都与心理学息息相关。摄像机拍摄角度的不同,所产生的视觉效果与表达功能也不同,电影会以此左右观众的思路与情绪,镜头的晃动塑造迷离感,用滑动变焦的手法表达人物的紧张、恐惧和眩晕。但是伴随而来的一个问题是,我总是趋向于过度解读镜头语言,我们该如何正确理解电影镜头所表达的目的呢?

答:你这就有点类似于我说的"目无全牛"了。也许从此,你就不可能"好好"看电影了——你做不了纯观众啦!至于拍摄手法与心理学相关,那是当然。打算累积多大的紧张、安排多久一个小高潮,都有讲究。其实是心理学也是生理学,按说高明的导演,都得细到掐准肾上腺分泌。传播学相关的领域之一,就是心理学。

同学问:上节课嘉宾老师和我们分享了很多和心理学有关的电影,我联想到一些比较现实的题材,比如主人公是患有抑郁症等特殊人群的电影。一直以来我有个疑惑,我们有些电影在反映社会生活中的现实问题时,会把问题的表现方式和解决方式理想化,有电影会如实地现实主义地反映(但是视觉效果上可能不够美观,体现不出电影这种载体的美感),老师会比较倾向哪种呢(我比较倾向前者,尽量有美感地呈现问题)?

答:电影,哪怕是取材自真实故事,我也接受它为艺术规律而改造,即"表现方式、解决方式的理想化"。毕竟,好比戏剧舞台上的冲突,情节肯定要集中鲜明,不能只是流水账。你看过丹泽尔·华盛顿的《危情时速》吗?体会下原型和故事的区别,看看哪些桥段是虚构的——以及,是不是为保持内容张力必须如此。不过你所谓的"美感"是什么?有时候呈现粗糙和缺憾也有美感啊!另外,对于这类题材,我猜电影和纪录片的追求是不同的,你琢磨一下。

同学问：暴力犯罪题材类的电影在给观众提供视觉冲击的同时有没有诱发犯罪的风险？老师认为创作者该怎么把控合理引导观众的度？

答：我们有相关行政部门把关。

同学问：不知道老师有没有看过电影《小丑》(Joker)，《环球时报》曾称这部电影的暴力犯罪题材"惹人不舒服"，但我纵观整部电影，电影的重点不是在描绘小丑付诸社会的暴力，反而是基层市民在一个糜烂的社会里被残酷的现实步步所逼，最终成魔。我个人认为电影中的讽刺情节值得观众深思，不知道老师怎么看？

答：这部电影我没看过。我不是《环球时报》的读者，偶尔扫到他们的标题，真觉得天悬地隔。《小丑》好不好姑且不论，好莱坞电影如果真的过于暴力也会被抵制的。说真的，我们很多地方的把关者，脆弱荒唐到可笑，我本人不以为然。

同学：请问老师如何解读日本出现的以著名作家太宰治为首的无赖派文学的现实意义？

答：每个人有自己的阅读视野，我只是作为读友来提供点参考。无赖派作为日本的战后文学，被认为具有"反抗权威的意识"。最可能构成争议的，是"对生活采取自嘲和自虐的态度，专写病态和阴郁的东西，具有颓废倾向"，对吗？我认为，在审美上可以选择不喜欢这个流派，但"病态"和"阴郁"不应成为否定文学成就的理由。在特定时空下，病态和阴郁，可能比强健和欢闹，更具有现实意义。日本文学相对陌生，我们何妨做个类比呢。比如就像我们的"痞子文学"，肯定不能望文生义。痞子文学消解的，恰好是极左思潮下的落后话语——所以其主人公看似吊儿郎当的颓唐，都比过去"高大全"下的"红光亮"有价值。

《读书》课后答疑 11：
然而，然而，然而

同学问：在讨论文学是否有标准的时候，老师提出了审美如何培育的问题。在我们的教育中，审美教育是存在的，但又似乎是被限制的。诗无达诂，文无达诠，但在教学和考试中往往给出所谓的标准答案和标准审美。这样的审美教育是理想的吗？

答：窃以为，"诗无达诂，文无达诠"，只是说读解诗文没有绝对标准，但绝对不是没有标准吧。一千人眼里有一千个哈姆雷特，但为什么偏偏是哈姆雷特呢？为什么没说一百个高大泉（《金光大道》主人公）呢？我们在戏剧上的不同偏好，不影响莎翁的文豪地位。我上节课只是说，审美有大体的共识性，可以交流。你喜欢莫扎特、他喜欢贝多芬，但为什么公认他们是古典音乐巨头？一些沿街商铺循环播放的口水歌能成为经典吗？教学考试有时候是考文学史，沿用约定俗成的看法。谁会真死抠诗仙、诗圣？

同学问：对于日本诗人小林一茶的俳句"我知这世界，本如露水般短暂，然而，然而"，我看了很多版本的解释，想听听老师的理解。

答：我不太能感受俳句的美好。说句反智主义的话，如果不告知这是名人名句，我可能就当作文学青年的鸡汤习作了。同一作者，不是还有"故乡啊，挨着碰着，都是带刺的花"这样的句子被肯定吗？还有一位是叫山头火吧？他有名句"夕阳无限好，吾辈须慎行，切莫误年华"，我是真看不出这句话的妙处。当然翻译诗歌太难。不要说俳句,商籁体你能欣赏吗?我不诋毁看不懂的外语。

同学问:在众多的讽刺现实类的电影中,老师是更喜欢喜剧结局还是悲剧结局呢?我觉得悲剧更能发人深省,但是大多数影片都选择了一个皆大欢喜的结局去迎合观众情绪。

答:我体力好的时候看悲剧,体力差的时候看喜剧——其实,真正标签为"喜剧"的电影,我都不怎么愿意买票。我们未必带着学习的态度去看电影,也就是说娱乐目的是能够成立的,但太浅薄的"爆米花"又有多大意思?并不是银幕搞怪就能热卖的,观众也没那么傻。另外,不是说好的喜剧也可能有个悲剧的内核么。

同学问:如果老师看过《大鱼》之类的片子,可不可以评价一下这种魔幻类型的电影?

答:是蒂姆·伯顿导演的那个吗?我觉得不错。虽然电影标签为"奇幻",但其实首先应该是"家庭"。那种成长、隔阂、伤痛与和解,是很现实的主题。另外,父亲在我们童年记忆中,确实存在真实与幻想之间的模糊部分,所以用奇幻来表达,也是一种情绪与格调。

同学问:不知道老师有没有看过电影《闪灵》,我没有看过斯蒂芬·金的原著,但是电影看了很多遍,非常喜欢,甚至认为它是惊悚片的封顶之作。这部电影经常被人说是"最不恐怖的恐怖片",因为它重在和观众打"心理战"。但是我推荐给别人看,很多人却说"看不下去,枯燥",包括《楚门的世界》也有类似的问题。我认为这两部是很好的作品了,但是这些观众的反应,是否也从侧面展现了这类叙述方式(慢慢推进,带入观众)的弊端呢?

答:我也一直在想,为什么有些恐怖片真让人觉得好,而另外一些就让人觉得是在耍噱头。我喜欢《小岛惊魂》《恐怖游轮》,《杀出个黎明》《群鸟》就看不下去。总体说来,我还是喜欢电影有深刻主题,不是附着

线上答疑：新环境下教法探索

在荒诞形式上；而不太喜欢纯粹玩玄。《闪灵》，我没有忍过开头，后面再找时间试。《楚门的世界》，我则认为跟《肖申克的救赎》《当幸福来敲门》之类的一样，属于入门级好电影。毕竟它所对应的主题，现在看略有点格式化了。

同学问：奥斯卡金像奖每年都会提名根据真实事件改编的电影，它们有的过分写实，直白且残酷地揭露社会现实导致不能公映，老师如何看待这种电影？

答：个人观影经验里，由真实事件改编的电影，好片不少。不过好与不好，主要还是取决于叙事技巧。残酷揭露社会现实，与镜头的血腥暴力不划等号，所以我猜欧美那边，主要是评价它的后一个指标。

同学问：前几天多所艺术类院校宣布调整艺考方案，取消部分专业的校考。想请问老师如何看待因疫情取消研究生复试这种现象？

答：教育的底层问题不想谈了。无论家长还是老师，我赞成与之牵连的各方，都能有话语通道，并且都能通过言论影响决策。我最不想看到的，是行政逻辑独大，"嗟来"一个无法质疑的决定。

同学问：关于瑞幸事件，我想说资本市场本来就是利益至上、尔虞我诈的——这好像已经成为共识。这是否意味着，我们需要以"价值无涉"的态度去看待资本市场？或者说，用伦理道德来评判资本游戏是无意义的吗？

答：资本的增值愿望可以理解，但市场不能没有商业伦理。毕竟市场不是只有一个企业主体，法人跟自然人一样，也需要使权责的公约数最大，这样才能保证经济秩序。何况上市企业还牵涉股民。怎叫道德无意义？

同学问：爱尔兰现任总理因为看见当地的医疗系统遭受极大压力，曾经做过医生的他重新披挂上阵，每个星期抽一天前往前线分担压力,国家的重要人物在形势严峻之时亲身奔赴前线,于情感上来说固然可敬,可是出于理智考虑,却是置国家利益而不顾,不知道老师怎么看?

答:我认为这样做确实不妥。建议爱尔兰人民重新评价他。

同学问:最近有部公益纪录片和百度网盘合作,成为了第一部在百度网盘发行的影片。可还有很多好片子由于不同的原因没有发行,老师怎么看待小众电影的困境呢?

答:我对社会主义的主流文艺非常自信。所以,有时想,不管水平怎样,不如都牵出来遛遛,反正眼睛雪亮的人民群众是不会受其中水平低劣的片子蛊惑的。当然,作为老师,我不鼓励你们看没有公映许可的东西。

《读书》课后答疑 12：
向死而生

同学问：为什么加缪认为"自杀是唯一严肃的哲学话题"，这和海德格尔"向死而生"的理论有没有关系？

答：用传统意象做比喻吧，如果一头猪，出生在秩序井然的农庄，除了基因驱动、本能呼唤之外，没有其他思虑，它也许是无辜的，但也是浅薄的。

如果这头猪，突然哪天意识到，他活着只为了奔赴屠宰场，为农场主挣得钞票，那它是否会降低食欲呢？

设想一下。它意识到自己存在的目的，只是为顾客提供热量，会不会觉得生命虚幻？更重要的是，农场主为了顾客的味蕾，强制约束它的天性。比如一只板鸭，在它还叫"樱桃谷鸭"、蹒跚走向超市之前，很可能为了肉质和效益的双重考虑，只在人间生活了 38 天。其实说"走"名不副实，因为了解养殖流程的朋友知道，那个生命体似乎根本站不起来：它就瘫在单身牢房里新陈代谢。

第 38 天，它"走出监狱"的过程，在主人的词典里被叫做"出栏"。

那么，一只终生插着导管，以便给东家动态提供胆汁的狗熊，怀疑自己的不知道该说是狗生还是熊生，是值得尊重的。

叼着飞盘的快乐边牧是悲剧的。它从来没有意识到所见的荒诞……荒诞，终于说到"荒诞"这个词。在西方殖民者到来之前，很多热带部落的土著人，就是狩猎、繁衍，天气晴好的时候，唱歌、跳舞，然后在

18岁之前,毫无忧虑地死去。这种情形,房龙在《发现太平洋》里有提及。

我猜在这样的部落里,产生不了加缪这样的哲学家。疯狂的原始人,也许有抢鸵鸟蛋失手的烦恼,但没有诗意的栖居,只有栖居。被海德格尔援引的荷尔德林,据说写那首诗的时候,"贫困交加而居无定所"。

科学是人类文明的成果。而科学带来的工业,又可能导致人的异化,人又能警惕和反思异化——这是人不同于动物,带有某种"神性"的地方。

所以我理解,加缪认为"自杀是唯一严肃的哲学话题",是试图对抗荒诞,寻找意义。

自杀当然是狰狞丑陋的。但没准,拒绝向纳粹告发邻居的漫画家因为承受压力而自杀,就具有了悲壮美。这就是为什么被平反的烈士张志新,以及大致同时期,其他怀疑世界荒诞的殉道者,今天被称为女神的原因。

《源代码》里,一种利他的死,在别的次元里永生。既然生命一开始就在倒计时(终于说到向死而生),存在感就比存在重要。既然大限有终点,而我们时刻在滴答中接近,超脱卑微就比苟且偷生更体面。让地球朝好的方向忽闪蝴蝶的翅膀,就比单纯为了职级和薪酬勾斗更光彩。

线上答疑：新环境下教法探索

《读书》课后答疑 13：
导演只能"爆米花"？

同学问：想请王老师分享一些令您难忘的电影片段？

答：那太多了。那真的太多了。不要说深刻的，就"爆米花"（指好看但没营养，看完就忘、不会回味的电影），我这种"泪窝浅"的人，也常有难忘的片段。比如，不怕笑话，连老套的《星际穿越》，我都撑不住。写到这里，我又费了张餐巾纸。央视六套做红色电影展播，也一样。潘冬子装睡，窃听油灯下谋划革命的父母谈话，仿佛我窃听父母密谋生计；还有《黄河谣》里地平线上黑点渐大——当红军的哥哥，骑着高头大马带队伍打回来。不要说《鱼童》里滚落到桌子上的夜明珠，连八一厂电影片头里的闪闪的军徽，我还经常梦到。那时经常在大队门前露天开映，想到这，此刻我耳边还幻听到柴油机发电的马达声，在前工业社会的夜空中突突突突。

同学问：老师曾经在课上提到过，不存在"虚拟"世界这种说法，我们付出的情感、时间、构建出的关系是真实存在的。那么人工智能提供的个性化陪伴服务能不能冠上"虚拟"的名称——虚拟情感。在杂志上看到过日本有个人致力于研究爱情机器人，曾被认为非常可笑。但是"恋与制作人"（虚拟恋爱养成游戏）风靡一时，人们无聊时候会想调戏 Siri，类似"叨叨记账"，可以设置 AI 恋人，模仿三次元偶像艺人或二次元人物性格、语气与你对话的聊天陪伴 APP 也颇吸引人。AI 可以满足人的幻想，不会患得患失。会不会有一天，AI 即使不能代替爱人、朋友，也会让人对虚拟情感有相当大的依赖,降低人们探索现实中人与人情感的热情?

答:当然有虚拟世界。我只是说,很多时候,虚拟世界的真实元素应该受到重视,而且虚拟世界和现实世界也会相互殖民。今天的赛博时空,跟1994年不同;今天的线下中国,也沾染了线上色彩。我们要警惕智能时代的伦理挑战,不过我总体并不担心。别里科夫认为女性不能骑车,苹果手机就是原始版的AI。

同学问:翻译作品相比于原作是否具有神圣性?原作与译作可以相互比较吗(特别是诗歌这样的体裁)?

答:你确信没有说反?而且我没觉得什么更神圣。共享人类文明,当然需要翻译。所以不管《黑奴吁天录》多么奇怪,我都不否认它的价值——实话说了吧,我还蛮喜欢那个语言。译作和原作可以比较好坏,但是有点不公平……我上面提到过俳句和商籁体。

同学问:上节课老师谈到宫体诗,宫体诗和婉约派的词作在内容上有很大重合。但两者却在文学地位上有差异,造成这种差异的原因具体是什么呢?

答:我仅作为读友的意见——其实,我上节有说到近似。如果宫体诗变为宫怨诗,很可能评价就好多了。你想到差别何在吗?我确信课上是说了的。

同学问:诗歌发展和日常语境息息相关,迎合现代语境出现了现代诗。那应该如何鉴赏现代诗呢?

答:我多次说过类似的观点:时光做旧。你现在觉得老水车有没有诗意?但是它曾经是它诞生时的"宇宙飞船"。

同学问:伴随这几年的传统文化热,《中国诗词大会》节目也红了一把。很多人批评《中国诗词大会》是一个只背诗的节目,我自己看下来也觉得这个节目有些流于形式了。您如何看待《中国诗词大会》这一类节目?

答：你可以类比《百家讲坛》。我觉得普及作用是有的。但就指望它提高文化素质、校准历史观念和培养文学审美，肯定不行。另外，我觉得文化也和经济一样，要相信（不迷信）"市场"元素。

同学问：老师怎么面对一本书"啃"不完的情况，看到一半失去兴趣该怎么办？

答：我就不重复臭鸡蛋的譬喻了。即使后来发现是风味臭豆腐，也没办法——你火候和缘分不到，也只好再凑时机。

同学问：宋明理学对中国文学的创作产生过怎样的影响？

答：这是纯学术的问题了。而我只是你的读友，恐怕并无高论献丑……依然可以顺带说下：在我眼里，它们有文学营养，有文史意义，没准还贡献了文坛花絮，但那套纲常名教、理学道学，作为政治哲学早就是落后的东西了。今天还有人膜拜，甚至将其作为现代社会的治理药方，很荒唐无聊的。至于你说对于文学创作的影响，没曾研究。或许是说它的成果，对传统儒家乃思辨性原创？就不猜了。如果你有心得，欢迎课堂上讨论。

同学问：老师如何看待网络问答社区（比如知乎）中的反智主义现象，对知识和知识分子的污名化在舆论场中为什么会愈演愈烈呢？

答：网络社区，是真实社区的映像。不过毋庸置疑，互联网具有显而易见的启蒙意义。知识分子的表现确实不值得骄傲，但也一直有鲁迅所谓的"民族脊梁"。我既不轻视大众智力，也不苛责知识分子——要知道，挺起脊梁时并非没有负重，而有些时候，追求真知需要格外的努力。

同学问：在中国电影市场中，随着电影商业化的来临，以消费主义、享乐主义为核心的后现代文化思潮将现实主义排挤出文化的中心，以挖掘和思考社会问题为主题的现实主义电影成了被冷落的对象。怎么看待现实主义电影的困境？现实主义电影又如何在与商业大片的比较中找准自己的定位?

答：在一个健康的文化生态里，你这种思考和提醒，本身就能够纠偏。消费主义顶多是冲击严肃和经典，未必能完全取代。怕就怕，现实主义创作有掣肘，然后导演只能"爆米花"。

同学问：有些观众对于展现社会黑暗的隐喻，充斥压抑氛围的现实文艺片持排斥态度，表示看完心里难受，称之为"负能量电影"？贾樟柯导演也曾解释正能量要建立在说真话的基础上，老师怎么看？

答：关于正负能量，我的新书，还有前面的回答（也许在评论班）里都说过了。假如你真对这个问题有兴趣，不妨自己去翻看。

线上答疑：新环境下教法探索

《读书》课后答疑 14：
这问题略坏

同学问：上节课嘉宾老师在讲座中提到了"互联网的低幼化倾向"，课后我检索到"低幼化会导致个体无法识别并尊重自己的理性思考的能力"。对此我想问一问老师，互联网的低幼化与公共领域的不完善甚至缺失是否有因果关系？另外，这种低幼化与互联网用户的低龄化关系大吗？

答：我没有做过定量调查。但是总体而言，我从不看轻公众智商，也不对某一年龄的人持任何偏见。我批评过该嘉宾近来的精英主义倾向，但也理解他的沮丧——我自己偶尔也会沮丧。互联网只是不够理想，它并非没有成绩，也不是一无可取。别说各种网文，以不同于纸媒发行的方式流传，就是那些民间智慧的段子，透出多少深刻而清醒的认知？还有，不管互联网有多少问题，我们还是要依赖互联网，对吗？至于"跟公共领域不完善是否有因果关系"，2004 年我出版第一本互联网"专著"时，即被编辑告知那不是她欢迎的语汇。所以，我也不鼓励你过多纠缠了吧。

同学问：粗读王老师的新书，"两个舆论场"的概念您用了一个章节来讨论。这让我想到了这几天闹得沸沸扬扬的"某师大开学"事件，不探讨事件本身，只是想问一句：传媒学界和业界普遍知道的"常识"——重视舆论的力量，好像被个别决策者置若罔闻，这究竟是媒介素养低下的表现还是对基层声音的漠视?

答:这问题略"坏"。但是,我依然努力回答。"重视舆论的力量",属于决策参考范畴、公关范畴、效果范畴、工具范畴,但我本人没有行政职责,平时更关注伦理范畴、价值范畴、审美范畴……也许还有跟个体有关的范畴。我对我本人服务的单位,有毋庸讳言的好感。但公办学校有它的运作逻辑,所以这些并不难想象吧。

同学问:2019年之后,5G的商用步伐在不断加快。全球各地,都在忙着拍卖5G频谱牌照,签订5G合同。众所周知,5G会引起电信市场的革新,3G时代实现了视频通话等即时通信。4G时代使得短视频和网络直播爆发,以及大型手机游戏的扩张。请问老师,在即将来临的5G时代,以文字为表达形式的自媒体是否会进一步被短视频侵占市场空间?

答:关键的技术发明,能"召唤"诸多变革。比如火、轮子、电、互联网,带给世界联动的效果。反映在工具上,迭代有时是颠覆性的,比如电力之于畜力,核能之于煤炭。5G虽然只是数字技术内部的升级,但也可以断定它对表达形式的冲击。

同学问:有人认为读书可以建构思维体系,形成思想。还有人认为形成了逻辑思想体系才能读懂书?如何看待这两方的观点呢?

答:没有人生而知之。两方是互为起点的。

同学问:美国互联网档案馆在发生灾害期间推出"国家紧急图书馆"服务,向全球免费提供数字化图书,其中有140万图书是受版权保护的。而后美国作家协会谴责"允许无限制下载受版权保护的书籍"是盗版行为,损害了作者和出版商的权益。这是一场对知识产权的"伺机偷袭"吗?老师怎么看平台在特殊情况下的权宜之计与关乎作家生计的版权保护之间的矛盾?

答:我赞同不同利益主体平等对决。但政府应在起点合法、程序正义的前提下做仲裁者,并且执行公约数。

线上答疑： 新环境下教法探索

同学问：某官媒曾发文批评美国科学家的言论。此后，香港文汇网发文转述了剑桥大学的研究报告，加持了这一立场。随后，这两则消息都被质疑可能存在翻译错误。但有观点认为，质疑者们是"屁股坐歪了"。那么，立场的选择是否应当影响我们对是非的判断？

答：影响。但那是不对的。媒体当然可以有价值倾向，但对事实的尊重，是最基本的职业操守。

同学问：最近中国政法大学一教授"走红"，他对于最近许多热点问题都进行了专业解读，受到了网友广泛好评。他的"走红"除了自身专业素质过硬，是否存在受众对一些媒体评论的不信任，转而趋向于各领域专业人士？

答：这位教授我没关注。但学者走红自媒体并不稀罕。何况，媒体也不应排斥专业意见。我不知道，两者是否有直接的因果关系。

《读书》课后答疑 15（特别版）：
是通天老狐，还是灶无烟青

好像又要到"读书日"了？胡乱写几句，也算是回应一个朋友的关切。现在想想，海量出版时代，真得讲究"博而返之约"。你就鸡汤励志、演义花边，即使雄文倒背，又能如何？还是闭环了魔弹，发育成工蚁。我到这把年纪，不拘解惑现象，抑或"工具"（动词）认知，都是从问题出发，借助互联网索引。纸质阅读，更多是纯消遣怡情了。

年轻的时候，喜欢小说、诗；年纪大的时候，喜欢各类非虚构、诗，但却是咀嚼出不同滋味的旧诗，恰合辛词意境。

年轻的时候，喜欢吴敬梓，因为他的边缘叛逆，不合时宜。然后不自觉代入生活，犯了傻；年纪大的时候，喜欢吴敬梓，却推荐后生多学袁枚。

吴敬梓和袁枚大体同时代。据说彼此参差，还差点对决，但随园传达室的家丁，根本不许落魄的"杜少卿"进门。

如果我没记错，他们共同的朋友程晋芳，为吴不平"吾为斯人悲，竟以稗说传"。又说他"囊无一钱守，腹作干雷鸣""近闻典衣尽，灶突无烟青"。程本人重学好文，可家境殷实，生活奢靡，所以近人，疑他为《儒林外史》里的庄濯江原型。

不过再奢靡，也不会超过袁枚。袁虽从官场急流勇退，但悠游糜烂到82岁。不缺钱，不缺名，作品传至闺阁，有大批文艺女青作为"粉丝"。同时代的写作者，无论酸秀才还是老干部，要想不身名俱灭，只有入选《随园诗话》接受点评——很多人毕生文墨，可能只有两联或竟一句，能侥幸进入主编视野,才算有了机会传世。

他就这样一辑一辑地刻印,仿佛编辑今天的 C 刊。而且还不乏科研资助,大东家中,包括做过巡抚和总督的学者毕沅。毕沅从学沈德潜,沈却是袁的论敌,这是古人胸怀阔达处,一直到林语堂、鲁迅还有遗存。

写过《筱园诗话》的朱庭珍说他:"性灵为宗,专法香山、诚斋之病,误以鄙俚浅滑为自然,尖酸佻巧为聪明,谐谑游戏为风趣,粗恶颓放为豪雄,轻薄卑靡为天真,淫秽浪荡为艳情,倡魔道妖言,以溃诗教之防"……但筱园哪里比得上随园的人生精彩呢。

袁枚字写得不好,满文不及格,填词不依格律,交游官吏家眷、私生活不可说,还经营生意,造园治厨,算是放诞怪异。可他的怪,绝不同于吴敬梓的"文章大好人大怪"。果然他给程晋芳的信中说:"我辈身逢盛世,非有大怪癖、大妄诞,当不受文人之厄。"因迂阔怪诡判死刑后改流放的洪亮吉,说袁"通天老狐,醉辄露尾",是准确的。

袁枚在沭阳、溧水、江宁、上元(上元县与江宁县同城而治,同为南京的母县)知县任上,挣够了钱,为什么还要沉沦下僚,受上司衙门的气?他 34 岁起,就领袖文苑,妻妾使女,食单茶道,在小仓山快活了半个世纪。

其实,不同路径的毕沅、沈德潜、洪亮吉、朱庭珍,结局又如何呢?还不是罢祠夺官,抄家革职。只是红尘碌碌,谁又想得明白呢?

吴敬梓想得明白。《儒林外史》楔子里引句"江风吹倒前朝树。功名富贵无凭据",他自己确实也挥金如土,连最后家底也交给了秦淮歌舞,但却老途凄惨,困顿于冻馁。跟笔下杜少卿一样,非但昏聩儒林交友不慎,又兼软弱族中甘受欺凌,白白让妻儿受累。他的情商,实在跟袁枚差着三山二水。

我刨饭的地方,叫随园。当然是附会袁枚。校史称"金陵女大",可另一所名校,声称它才是继承者。其实,无论哪里,想想基因,即使北大,好意思叫自己燕园么。六朝旧迹,都给江风吹散了。1974 年建五台山体育馆,袁枚墓也被清理。

闲话休说。袁枚虽然号称诗坛祭酒,但我不觉得他的诗写得好。我喜欢他在《随园诗话》里的"编者按"——不仅体现美学主张,文字也真活泼有趣,属于私语化的小品文,笔记体口气,很性灵。

我去荒岛带《儒林外史》,出门旅游则带《随园诗话》。至于在荒居,更多是发呆。

线上答疑：新环境下教法探索

《读书》课后答疑 16：
又提"香汗臭汗"

同学问：我隔三差五就会看到有人嗟叹小孩子非常有诗意，但在成长过程中这些浪漫的想象慢慢消失了。但我觉得这是一个自然的过程，小孩可能有时讲出来很奇异的话，但他是不自觉的。成长的过程中，人会依据一些规律来认识世界，未知带来的奇思妙想就减少了，这是无可避免的。老师认为小孩不自觉中流露的一些言语和行为是诗意吗？这种"诗意"的消失是否值得叹惋？

答：为孩子惊奇，这事本身有诗意。但是你能举几个诗词名句，是出于"孩子的话"的吗？父母为孩子成长过程中的每一步欣悦，不自觉地美化是可能的。以前写过：护士把女儿从产房交给我的瞬间，我就仿佛是举起辛巴的老狮子——觉得天崩地裂霞光万道（当时是深夜），真是尿布里都有诗意。很奇怪，现在发现她不洗袜子或不穿袜子，我都会怒火万丈。她第一声"爸爸"，未必是"爸爸"，我立即眼泪掉下，当时想，那就是诗歌里的"啊"呀。所以你明白我的意思了吗？有诗意，但不是诗。出于推演的道理，我理解朋友圈里的各种晒娃，但我自己努力克制。

同学问：为什么现代作家写的诗歌很难拥有广泛的受众？是否因为现代人的娱乐方式以及接受文化信息的方式变得多元了？我在中学的时候喜欢木心的作品，但最初也是为了积累作文素材，现在也谈不上多喜欢吧。

答:我只记得,陈丹青转引木心的一句话,好像是说《红楼梦》里的诗词如水草,离开水就失去逸致(大概),的确会心不远。不过木心的书我读不下去。陈先生的溢美之词,难保不是因为私谊恶捧。为什么娱乐就不能有诗?柳词不就是娱乐场所的东西吗?也别诋毁现代人,也别歧视娱乐。

同学问:最近看完了马家辉老师的《龙头凤尾》,文中掺杂了大量的方言词汇,包括人物的对话或是特定的名词都是用粤语来表达的,老师您怎么看用方言来表达的文学作品?

答:我觉得可以接受。成功的方言作品,既有利于方言传承,又丰富我们共同的汉语词库。但不同方言,因为政治经济因素,影响力是不同的。假如我们用吴语写作、用四川话演小品,是否比得上东北话或者北京话?张爱玲是不是说过《海上列花传》吃亏?也许四川的曲艺,缺少一个赵本山那样的领军人物。你看看刘老根、德云社为我们贡献了多少新词?这和王朔小说、香港电影也一样。

同学问:老师认为方言对文学(特别是小说)的影响是怎样的?比如阎连科的小说常有河南方言,金宇澄的《繁花》也有不少上海话,它们的作用是什么,这类作品会筛选掉一些读者吗?

答:恍惚记得你是扬州人?扬州电视台为什么有方言新闻?方言筛选掉一些读者,但也会共情一部分读者——说不定,还能培养一部分新读者。十几年前,几个扬州姑娘写了首说唱风格的《扬州疯女院》,用的就是方言,但被好多专家批评,我还写专文为其辩护。

同学问:何伟在《江城》中说道:"我最为烦心的是文学在西方的政治化倾向:人们阅读文学的时候,把它当成了一种社会评论,而不是一种艺术形式。"想问下老师对这种现象的看法?文学的政治化倾向在现在是更加强化还是弱化了?中国的文学是否也存在同样的政治化倾向?

答:我努力,使用主旋律叙事兼容的口径吧:文学是有阶级性的,鲁迅先生说过什么"香汗臭汗";文艺是为工农兵服务的,这是毛主席《在延安文艺座谈会上的讲话》中提到的,按说你不应该有这样的奇怪呀。我是何伟的读者,但我不同意他的这句话。也许我们反对的只是偏见,只是劫持与覆盖。但文学不可避免地有其文化、社会和政治背景,这难道不是理所当然的吗?我当然反对用革命话语去生硬读解《红楼梦》,但《红楼梦》里有政治并不算是穿凿。我不喜欢姚雪垠那样诗化李自成,但为什么大家又这样读奥威尔?

同学问:您对于马克思主义哲学有何看法?
答:话题大,说几个判断吧。第一,马克思是人本主义者,我是马克思的崇拜者。我第一学历,在团校的地方完成,严格说,马克思主义哲学曾是专业(我没学好);第二,马克思主义哲学是实践哲学,它确实促成了20世纪轰轰烈烈的社会实验,是实验就可以评价实验结果;第三,马克思主义哲学有很多流派,我的公共课老师张之沧先生就讲过"西马",其丰富多元超过你的想象;第四,有西马也有列宁主义、波尔布特路线,就有我被初中要求背诵的"马克思主义跟中国革命实践相结合";第五,恩格斯多次转述马克思的话——"我不是马克思主义者",解读当然很多,但我还在咀嚼和品咂;第六,好好学习你的马克思主义理论课程,如果挂科,你可能会失去我的资助。

《读书》课后答疑 17：
明星占用公共资源？

同学问：很多明星在发微博澄清某件事的时候，会加上"无意占用公共资源"的字样，特别是在社会各界人士密切关注热点新闻的当下。尽管明星自带话题和流量，容易吸引人的注意力，但是受众也有自主选择的权利，请问老师如何看待明星"无意占用公共资源"的说法？

答：这就是常见的公关辞令。表示"打扰大家"的歉意吧。我觉得，明星的问题，不在于占用公共资源，而在于占用了公共资源，却没什么让人称道的作为。你看世界舞台上的巨星，有的吸毒、有的颓废、有的花心、有的怪异，但很多人都有自己的严肃主张和亲身实践。你可以叫他"坏孩子"，却不敢喊人家"戏子"或"花瓶"。好莱坞灯红酒绿，有几个故事不正常吗？我不关心德普庄园的壁炉前来过几位超模。我敬佩梅姨声讨特朗普、梅尔·吉布森朗诵独立宣言、乔治·布鲁尼支持苏丹公投、艾玛·沃特森推动女权运动。

同学问：想请教一下王老师对中庸之道的看法。最近在准备相关的辩题，在关于中庸之道的具体内涵方面与其他人产生了较大的分歧。王老师觉得中庸之道更多是一种行为方式还是价值倡导呢？您认为当今中国应不应该提倡中庸之道？

答：两个都是。中庸在孔子那里，是处事箴言——孔子发明了太多那样的警句，既有生活智慧，又具文学光芒。比如相关的"过犹不及"，真是认知成理,措辞精妙。但从子思到宋儒,逐渐附会提升,乃至于成为官定教材和科考用书,又是另外一回事。反正我不知道后来是谁强化了谁,若说中国人的文化里有这个成分,应该是符合事实的。像我这样保守退缩的人,是经常拿来自宽的。我猜不利于所谓开拓精神?"中国提倡"是什么意思?现如今所谓的"新儒",在面对新问题时转身膜拜,我是不以为然的。

同学问:我读意识流文学一直有个困境,就是没有一个字我不认得,没有一句话我看不明白,但是组合在一起我就是不知道它到底在讲什么,想问问老师有没有比较好的方法来欣赏意识流文学?

答:意识流最初是心理学名词。所以,不管它在文学风格里是多么怪诞,首先还是对应人的精神世界。其次,我喜欢的意识流,不包括那种玩概念,或者晦涩到影响理解、无法共鸣的作品。好比你喜欢金属和摇滚音乐,但未必是"重金属"和"硬摇滚"。我能接受的作家,美洲的不说了,国内就是莫言、王蒙、王朔,甚至茹志鹃。

同学问:"冷门佳片"这个分类是否有些矛盾呢?既然被评为佳片,必然是被一群人看好的,但那是什么造成这些电影的冷门呢?

答:杜甫现在"热"吗?他在他的时代,是寂寞落魄的。当《艳阳天》被奉为佳作的时候,《围城》根本没可能再版。别看昨天刷屏读书,一些人只是用来插架,一些人选择了……足以饿死吴敬梓的书单。

同学问:很多时候我们称一部片子为烂片时都是因为它的剧情不够吸引我们或太浅薄了,非专业观众不会特别纠结电影的拍摄手法好不好。那是不是可以理解为,剧本与技术之间,剧本的好坏更能决定电影的口碑?

答:确实。我觉得故事(包括黑色、断裂的故事)情节太重要了。有些单纯炫技镜头的拍摄,也许可以作为分析"案例"放在教材里,但没必要让观众去电影院"受罪"。

《读书》课后答疑 18：
能搜索关键词很好

同学问：想请教老师，您觉得"互联网到底有没有记忆"呢？在某段时间里被热议的同类公共事件，人们往往只能记得一两个，过了一段时间后甚至连当事人的名字都不记得；但有的时候，互联网又成了记录这些公共事件的载体，如果你搜索关键词，又能迅速得到许多尘封在旧日的信息。

答："互联网没有记忆"，就是某种感慨的文学性表达。哪里又有记忆呢？陈年流水簿子还是官修四库全书？

不过，你对抗遗忘，跟涂抹历史还是不同的。有些墙砖，即使碎片也被人收藏；而另一面，譬如古时史官在太上晏驾后，需要请教今上来决定"尺寸"。《乾隆实录》动笔之前，嘉庆就被问及如何结语乃父兴起的诸多冤狱。即使被认为是仁厚之君，清仁宗也只是象征性地"平反"，避重就轻为乃父讳。

如果搜索关键词，你能看到多元叙事，所以我们应该感激互联网：分明是我们自己健忘，就别赖给伟大的赛博空间了。能搜索关键词多好啊。

同学问：前段时间上的西方哲学史课，为什么我感觉每个哲学家讲的都有道理，甚至包括完全对立的两方？

答：柏拉图说，哲学源于惊奇。我感觉，在你这里，快成哲学源于"惊奇队长"了(我再说一次,那是部烂片)——你要克制对"爆米花"的热情。

《苏菲的世界》,也是从逃离"兔子皮毛温暖的深处"——对外部世界产生惊奇开始的。我不希望,你像苏菲没心没肺的闺蜜乔安那样,只凭借基因本能的驱动吃喝玩乐。

我希望,你很早就对传达室大爷的三个问题思考。思考的方向,可能在科学的边界之外,比如时间的尽头、宇宙的疆域、人生的价值、世界的本质等等。然而如果不放弃理性走进神学,就只能转身求诸哲学。

你可以重复验证重力与磁场,但如何测量"我思故我在""林中空地""自由意志""坚白相盈"?哲学家提供的是一套解释,他只有义务,保证在自己的框架和语境下自圆。

你知道,哲学广义上还包括伦理学、美学,在这个领域里会看得更加清楚:比如戈培尔的"宣传美学",比如女德班里的奇葩伦理,产生完全对立的两方不是很正常吗?

《读书》课后答疑19：
西部世界的新住民

同学问：想问问老师，我们如何通过阅读来构建自己的认知体系和思维结构？

答：我们常见网络上有一些不可理喻的言论。那些人中，有的是学富五车的宿儒，有的是人情练达的名士，他们不完全是为利益分裂人格，更多是真在一套话语体系里自洽。不管那套话语有多少补丁，架不住都有循环转圈的逻辑补救，再不济还可以选择性自欺欺人，说真的都比我们活得舒展滋润。

所以，你问"如何构建自己的认知体系和思维结构"，得首先确定那真是自己想要的东西。因为多半那并不是一个让人愉快的过程。在某些时空下，也许会妨碍你的世俗成功。

在这个前提下，无非是多信源追问历史，再思考不同叙事背后的把关动机，进而检视原有的建构，是否确实有西部世界的新住民。

同学问：假设一个没有经济学基础的新闻评论员去写一篇经济类的新闻评论，他如何将所查的资料自然地内化成自己的？因为在一个不熟悉的领域，我觉得多少都会有点生硬。或者说，他写的评论，在专业的经济领域从业者眼里是什么样的？

答：要么不写，要么寻找与自己专业的交叉领域。这样，他只要在经济领域大概不闹笑话，但在交叉领域却可能给前者带来新的信息量。

毕竟你并非是在给面对经济学者的严肃期刊写一篇专业评论,你只是在大众读物上给普通读者索引或读解——为此只需要替他们做功课就可以了。好比拍建筑专题片,我的解说词,未见得比东南大学建筑系的教授执笔更差,也许我只是需要提前采访他们而已。我的传播学背景,没准反而给自己增加了竞争力。

不仅经济学。再如我虽非教育学专家,但也可以关注灾难时期的远程教育——媒体在社会动员方面的表现,互联网在落后家庭的数字鸿沟,等等,从而给出符合我专业视角的意见,说不定也能给教育专家带来启发。

《读书》课后答疑 20：
不会只剩下口水歌

同学问：如何看待腾讯收购阅文？这会对网文造成什么影响？

答：阅文虽然不是腾讯的全资子公司，但并非现在才有收购行为？2015年整合不就开始了吗？2017年左右盛大文学与腾讯文学合并。最近的股权结构变化，我没太关注。

资本市场的游戏，似乎无法避免。阅文集团的发展，本身就是滚雪球的结果吧？它不过是以"起点中文网"为起点。

从西祠到斗牛士网站，所有的创始人，跟钱的接近，都可能被指责放弃情怀。但单纯的情怀不能吃饭。况融资不仅是赚钱，也增加商海里的抗风险性。乔布斯有多少股东？他为什么被认为坚守了另类？很难想象苹果公司只停留在车库文化。

而且，股权结构的变化，也不一定要牺牲品质。豆瓣也曾多轮融资，可你们前几天都在刷屏创始人阿北（我的确为它和他的前景担心）。

资本的作用，是双向的。它确实具有消弭个色的腐蚀性，但也有力量养活职业作家、培育内容 IP。我们不能指望，还靠《收获》《当代》《花城》《十月》撑起今天的文学市场。

实际上，文学只要不停留在"抽屉日记"，就存在商业召唤。付梓，是需要赞助刻印的。伯爵夫人对卢梭有帮助，书商也一样。也许我们没必要太过敏感。实际上，成熟的市场经济，艺术家和社会之间，永远隔着利益驱动的职业掮客。比如出版人，比如经纪人，比如画廊。说影响也有影响，但那不是必然负面的。卢梭可能在扉页上写上"献给华伦夫人"，甚至也会有为尊者讳，但未必牺牲全部的文学品质。

总之我希望，该收购收购，该抗拒抗拒。有春晚招纳郭德纲，也有崔健继续拧巴舞台。我相信，即使世道粗鄙、泥沙俱下，也不会只剩下口水歌。

同学问：影视剧作品中的反派角色要避免脸谱化。但在部分电影中，是不是不需要顾及这一点？比如象征了某一种特定的性格或精神的角色，比如《蝙蝠侠黑暗骑士》中的小丑。

答：你跟我成长于不同时代，我对于脸谱化的敏感，是基于刘江饰演的胡汉三，所以看到这么复杂的"小丑"，觉得反而是对脸谱化的打破。希斯·莱杰的演绎，不就是立体丰满，而不仅仅是扁平的"坏人"吗？

但确实，希斯·莱杰饰演的小丑，也会形成脸谱化（跟希斯·莱杰无关）。那个主演《社交网络》的是叫杰西·艾森伯格吧？他在《蝙蝠侠大战超人》里，我看就是对"小丑"的脸谱化模仿……打破脸谱化，是个动态过程。艺术家要避免抄袭别人，也要避免抄袭自己。"小丑"对于希斯·莱杰是呕心沥血的创新，对于杰西·艾森伯格，就有点滑稽的可悲。

但我理解你说的脸谱化。脸谱化可不是说"小丑"有个京剧脸谱式的脸，而是指创作的程式化。你在提问中为它做的辩护，在我看起来只是超英或者漫威这类题材和体裁，人物塑造上可以理解的卡通色彩：鲜明、夸张，等等。

说到底，刻画角色细腻，是因为人性本身复杂。我是什么时候给你看的《小红帽后现代版》？世界哪里是白雪公主似的演绎，每个小白兔心底都住着头大灰狼啊！

《读书》课后答疑 21：
隔膜

同学问：最近读加缪的《鼠疫》，总有一种不能理解的感觉。我感觉这本书表达的是一种西方人的感受，无助孤独，存在主义，强调个人的选择，似乎和我们有些隔膜。而这些隔膜有时会成为看不下去书的原因，老师认为怎样才能淡化这些隔膜，更深刻地理解这本书的内容呢？

答：回答这类问题，是极其艰难的。因为它需要调度认知工具，一层层可以追溯个人成长的早期记忆。无论如何，还是说几句断想，供参考吧。

《鼠疫》，在这次社会风波中，是被高频引用的一部名著。它所述评的历史（好吧，应该是小说），肯定在某种程度上映照了现实，跟今天的读者产生了共情。比如这句就曾在朋友圈刷屏："这一切里面并不存在英雄主义，这只是诚实的问题。与鼠疫斗争的唯一方式只能是诚实。"

读书，是一种主体活动。只要你有机会从书架上自由选择，没有人把它作为强制教科书。《鼠疫》里是有"无助孤独"，但不是也有不颓丧的勇士吗？按照课本习惯的分析方法，它有歌颂有鞭挞。歌颂了医生，鞭挞了政客的愚蠢骄傲与庸众的自私贪婪。再考虑到创作的时代背景，它获得法国批评奖，成为畅销书和长销书毫不奇怪。

你提到的"隔膜"确实是关键词。不仅欧美，还包括日韩。但我觉得，越是隔膜，越要多元和多源阅读，甚至有机会要亲身探测。就像我，一直到二十多岁时，对"外国"的印象，还是来自于影视作品的植入和他人的灌输——他们自己的思想来源于哪里,你也可以思考一下。

同学问:同学之间关于某些有争议话题的争论有意义吗?其实结局往往是双方谁都无法说服对方,但就是感觉,这些争论可能会给那些立场模糊的同学带来一些积极影响。

答:传播的目的,就在于击中或者说服。但很可能,你只能诉求有善意、讲道理的人。其实对于有善意、讲道理的人,即使不能说服,你也可以借机自我梳理,并且从对方的观点获益。当然你不妨放弃功利考量:我不管说服了多少人,我往舆论场输入了价值,这是一个正直的人"应该"做的,云云。不过,做一个正直的人是有成本的。我猜你的父母,还是希望你能多点圆活——"恶人自有恶人磨",不可理喻的家伙,随他去吧。

《读书》课后答疑22：
玩与不玩

同学问：最近在读王朔的作品。在他创作的年代，更多作家可能会有一种"写作高于生活"的自觉，但是他反而一直在"玩"文学。这样格格不入的态度能够对我们的写作有什么启发吗？对他来说，这是一种勇气还是逃避呢？

答：你如果看过王朔那本对话集，就会知道他公开反对那个创作原则。

我觉得，文学高于生活，作为车尔尼雪夫斯基的早期论断，和它被诠释为主流美学思想的大旗，含义可能是不同的。鼓吹这个东西的时候，还同时鼓吹"三突出"、"从路线出发"和"主题先行"呢。如果我没记错，车氏的《生活与美学》里，还有"美是生活""生活高于艺术"，等等。

王朔的"玩"，放到浩然的"不玩"背景下，就成了解构工具，仿佛无厘头也有了严肃价值。你看他的戏仿话语，不是凸显了运动的荒诞性吗？

他的格格不入，是相对于创作时代而言的。我相信他在文学史上，有一个脱离边缘的过程，虽然作家本人会对此警惕。实际上，过去批判他"痞子"，显然将其当成庙堂对面的草野；但后来批判他"大院"，则属于反其道而行。这也许算个思考线索，你咂摸下。

我认为，王朔是对汉语言文学有贡献的那类作家。今天，那个文风和解构对象的紧张关系变化了，你跟我都不同程度地学会了调侃、反讽。王朔说过："放着明摆的痒痒肉不挠"，哈哈。这就是给我的启发：拒绝媚俗、媚世、媚钱、媚官。

我不知道于他是勇气还是逃避。我唯一不喜欢的,就是他这两年对佛经的穿凿附会。我羡慕他的天分和运气,以及挣脱很多束缚的……勇气吧。

同学问:我想知道老师对精英主义的理解,我身边有一些精英主义的人觉得有的东西看不下去,就是想说,他们认为是在拨乱反正,就是该说,我觉得还挺对的。但是还是会有一点不理解吧。

答:我赞成调和论。

苏格拉底确实是精英主义者,他赞成"有知识的人才能担任雅典的陪审员",然后他确实被陪审团处决死了。《蝙蝠侠》的"诺兰三部曲"里,末集里就有街头暴民法庭,用宏大美丽的谎言破坏秩序,就是寓言动物农舍似的乌托邦。从这个意义上说,精英主义有一点合理性。

不过,我也警惕它走向个人英雄主义、寡头主义的极端。也许精英主义应该结合其他主义,寻找一个跟民粹主义的公约数吧。

同学问:一些很细致的电影拍摄方面的理论(例如车开动方向的不同就暗示了主人公的可能身份等),会不会因为固定套路,反而有点死板了?人们看电影时又真的会对这些细节那么敏感吗?

答:理论肯定有用。理论是从哪里来的?未必只是案头推演。它可能是别人的经验,也可能是实证的结果。它能让创作者从自发走向自觉,让你像一个受过训练的专业人士。

车开动的方向、墙上挂的猎枪之类,很可能就符合心理学规律。既然看电影是个传播过程,追求效果不是理所当然的吗?当然理论不是死板的框架,理论是给你突破框架底气的……"软框架"。

《读书》课后答疑 23（特别版）：
在内容生产的艰难时刻

一个冷讲座的开场。整理粘贴，也是个时光定格。差不多都算零余者，社交减法的年纪，老友能江湖守望就不易。感谢两位。

晚上好。那什么，四十年前，好吧，准确地说，四十几年前，大我好几岁的哥哥，一脸严肃地跟我和妹妹说："我们，是做痛苦的苏格拉底还是一头快乐的猪？"我和妹妹都没心没肺地笑起来："姓苏的"不知道是谁，我们当然更喜欢童话故事里的主角。我现在想，他大约是没有听众，揪住小屁孩儿，勉强好似独白吧。你知道，上世纪七十年代的皖西北农村——得亏父母都是老师，家兄还略有些阅读视野。

（说到童话故事，其实，也未必没有暗合童话故事。只是那个挎包的畜栏脚色，我还要很多年后看到）

当然，最好的结局，是做一个快乐的苏格拉底。不过那多半是不可能的。毕竟，苏格拉底要做他城邦的牛虻，跟无论权力还是庸众都有紧张关系：他可能死于他们中的任何一个。何况，他还有个据说凶悍的太太——他也可能死于她之手。嘿嘿，他不可能快乐。

不过，我要感谢哥哥。他曾是我精神上的父亲。我的阅读趣味和阅读习惯，某种意义上都是受他影响的。虽然长大后，各自江湖浮沉，也并不能彼此施救。好吧，的确。夸口说，书是颇读了些。我决做不了苏格拉底，阅读也确实让人痛苦，但至少它帮助我免于浅薄，从而不会是个巨婴。

但我并不敢,喊出那句话。更别说,把它印到书包上。你们平常看到的我那个书包上的字,是象甲书店的老板印的。

我听人家说,他还有,更著名的身份,但不管了。我只知道他做过南京晨报的首席记者,第一时间去过汶川地震现场、为南京的树发起过保卫战。总之,一个诗人,一个汉子,一个写手,一个新闻人……一个老友。

我说过。我最喜欢他的地方,是他打破了所谓文人必得像我这样穷酸的状态。酸,其实他也有一点的。诗人嘛。但他绝对不穷。招了吧,我喜欢象甲那样的诗酒人生。说到酒,该推出我心目中的杰出校友老杨了。

我对杨的最初印象,是很多很多年前,她曾经在课间,问过一个让我魂飞魄散的问题。那个问题我没有在课堂上回答,但我知道,这丫头是个有脑子的孩子。

我之所以请她来到今天的讲座,还有一个原因。就是她简历里有仨关键词:美食、美酒、媒体。在内容生产的艰难时刻,我觉得任何突围都值得关注。无论象甲书店还是老杨餐厅。杨是新闻本科、葡萄酒商务硕士毕业,在勃艮第完成的学业,我记得学校叫"第戎高商"?勃艮第和高商,我写小说的时候,经常用这俩地方作为腐朽资本主义的代名词。

杨老师现在在上海创业。印象里她不是在欧洲杯酒人生,就是在魔都坐言起行。摘段她自撰的简介吧:……好吃好喝,行走南北,曾想靠写字赚钱,发现软文难以下笔,尤其是美食圈软文。遂转战酒圈,学习勃艮第葡萄酒,回国后发现酒圈乱如摇滚圈,人的社交心态简直同步于时下任何强国陋习。简称"书么不读,×么猛装"。遂转入食材寻找工作,发现我国地理物产之多样性,人的生活方式的广泛差异。曾有一度觉得自己也沦为了那种市侩中年人,但是没有,我一直在学新事物,发现新商机,变得有钱,变得自由,重新养理想。

但其实,这么多年,我还是喜欢她的怀疑精神,以及跟恶俗拧巴的特立独行。希望疫情很快结束,师友能再来荒居食堂,感慨下岁月和俗世吧。

XIA PIAN

下篇

《评论》课后答疑1：
除非议题在新闻学之外

同学问：文学中是否含有巧言令色的成分，一个人的文字和他的为人是一致的吗，一个人思想上的丑陋、阴暗是否可以通过形式被完美地装帧成诗意的、深刻的、纯真的？安德烈·纪德口中的"表现"与"存在"真的是不可分割的吗？

答：我一直不赞成所谓"字如其人""文如其人"的说法。小时候，我的历史课老师告诉我：赵孟頫和郑孝胥都是某种意义上的失节者。但是我的美术课老师还在推荐《胆巴碑》。而大家都知道"交通银行"四个字的来历，遗老郑孝胥在旧上海一个字值一两黄金。卢梭是出色的写手，但由于遗弃孩子，无论怎样辩解都没能豁免被诟病；包括李白在内，很多天才写手都因为成为权力的舞美而被万世讥笑——他"翰林院供奉"的头衔据说并非我们理解的"翰林学士"，应该是仿佛文学侍臣？我就不评价后来各种版本的"南书房行走"了。我对纪德的了解，没有超过文学常识……也许还有看起来不堪的私生活花边，就不强不知以为知了。

同学问：如何看待男子因不想复工谎称妻女生病？
答：看情况。新闻信息不充分，不敢轻易置喙。

同学问：媒体报道事情总归是包含着自己的主观意识的，这类现象多为忽略报道一部分新闻，有些媒体甚至把一些个别事件再加强报道，

线上答疑：新环境下教法探索

使受众无法了解真正的事件本身。那么我们如何才能在辨别媒体报道的事件客观性的同时避免受媒体报道的主观性的影响,同时看到一个事件的报道以后抱有中立的立场?

答:客观是理想。诚实是伦理。媒体的立场倾向是一个现实,无论中外。比如《纽约时报》和《华尔街日报》,记得一个偏自由主义,一个偏保守主义(注意中文语境的不同含义)吧? 你去查查你的《外国新闻史》教材。国内的报纸,你认为《南方周末》和《环球时报》有没有价值预设? 无论媒体还是个人,都没有必要伪中立。读者接近事实的办法,是允许接收不同信源以相互纠偏。

同学问:新闻评论中有时候难免会出现一些比较有针对性或者比较敏感的词汇,我们应该如何把握这种词汇的度?

答:你是成年人,你应该可以评估可能的成本,并且确认是自己愿意接受的。否则,我建议你尊重发表的政策底线,或者你有能力浸润优化那个底线。一个稳健的新闻人,总会找到办法既不特别委屈自己,又不至于为此失去发表可能。发表是很重要的,那是个人价值社会化的必需。至于具体的词汇表,不用担心。我猜你服务的媒体,多半会给你一个的。

同学问:什么是独立思考? 怎样培养独立思考的能力? 有时候我们自认为自己是独立在思考,但有些时候我们是不是也不自知地受到他人观点潜移默化的影响?

答:独立思考,是指要确保那些构成基本认知的信念,都是经过了常识和逻辑的思辨过程,而非不过脑子的默认——无论看似多么宏大光鲜的东西,以什么样的字体印刷(尤其以粗黑字体印刷),或者被什么样的大人物宣示。独立思考的前提,是要有独立阅读。即不让单一信源的事实和观点占据大脑。思考会受别人影响是肯定的,有时候它恰恰构成我们的思想养分。我们应该主动寻求别人的观点,但不放弃对照、学习、质疑或者批判。

同学问：我经常会有观点表述不出来或者表述不清楚的情况，要怎么改呢？

答：参见前面的回答。多信源阅读，多视角思考，多场合训练吧。

同学问：如何看待新闻评论中个人情绪影响事实和逻辑，甚至成为了信息的最大内容的现象？

答：新闻评论不是杂文，我当然觉得要克制情绪。但我接受为了增加文字感染力，在词不害意的前提下适当有一些情绪温度。

同学问：记者本身承担着媒体信息的采集和收集职责，那么如果在报道新闻的时候加入个人观点，会不会将受众的思维带离受采访者本来的思想传达方向，受众就很难接收到纯粹的客观事实了？

答：如前所述，世界上很难有纯粹的客观事实。事情只要发生，对它的还原都不免偏离。所以诚实才是记者的道德原则。只要不规定一种还原是标准答案，受众就会从相互参差的描述中接近真相。

同学问：从公众角度来说，对一个信源形成信任和依赖需要哪些因素？

答：专业性、权威度和可读性。

同学问：我们知道新闻评论对受众是有引导作用的，那又如何去评价一篇新闻评论的好坏呢？有的时候一篇评论或者消息未必是真的，但它对管理者是有利的，但与此同时受众是不是有权利知道真相呢？一个新闻评论员遇到这种情况应该怎么做？

答：前面已经部分回答了。多信源就是关键词。每个发言者对法律和职业道德负责，然后受众作为能动主体对信息进行对比甄别。

同学问：新闻预设是否会对新闻的真实性客观性产生影响？

答：参见前面。

线上答疑： 新环境下教法探索

同学问：对于某个新闻事件的评论，有些时候可选择的角度并不多，自己的观点可能和大多数人重合，在观点类似的情况下怎样才能让自己的评论显得不平庸呢？

答：首先，除非是命题作文，否则你不是非得选择你没有原创观点的选题；其次你可以给相对普通的观点一个新的表现文本——不过，如果一个评论观点真的和大多数读者（而非写手）想法重合，你打算带给读者什么信息量呢？

同学问：貌似课上讲过的，无立场相对于其他立场而言其实也代表了一种立场。那么，推及新闻报道来说，仅对事实极尽真实地重现（没有直接发表自己的观点）是不是也可以说代表了一定的立场？那么是否可以认为即使一篇新闻报道的每个字都在描述客观存在的事实，它也并不是绝对客观的？

答：一点不错。同理，不发言其实也是一种发言。

同学问：一位特稿记者发的微博引起了对"新闻、传播、记者"的争议，总体负面评论占上风（公众认为这位记者以负能量新闻吸引流量）。老师怎么看待这条微博传达的信息，与这场争议风波呢？

答：一个记者，要具有基本的契约精神。首先，他的这种行为是否保得住自己的饭碗？其次，如果他可以不顾忌东家，则作为一个写手个体文责自负：要么为自己的判断赢得声名，要么付出信誉或者其他成本。我们都不是外星人，都了解基本的舆论生态。不过有一点，我认为对于批判的武器，最好不要轻易使用武器的批判。如果这个记者的观点荒谬，那就用事实和逻辑反驳他。

同学问：对于一个新闻事件，我们如何才能快速抓住重点并提炼出属于自己的观点呢？

答：这个问题太笼统。总体而言，就是取材必熟，选择你知识积累多的由头，然后结合社会关注热点，努力找到你有信心开口的新视角。

同学问：如何从复杂的新闻事件中整理出自己的思路？发表观点的时候怎么权衡客观真实和自己的看法？

答：首先自己要有思考能力。思考能力，这要靠自己的知识储备和逻辑思维能力。你有足够的认识工具可以调度的时候，新闻由头才能触发你的表达冲动。发表观点的时候，客观事实可以作为支持自己想法的论据。

同学问：对一个事件的还原确实没法做到百分之百，并且有的时候为了相对控制舆论会对报道的角度、内容等方面进行修饰和调整，由此在一定程度上造成了媒体公信力的下降。如何平衡这两者的关系呢？

答：前半部分是你个人的判断和认知。你如果有这个认知，你就应该有匹配的建议。好吧。我认为管理舆论不是非得必然导致公信力下降，除非问题出在新闻学议题之外。至于如何平衡，我还在思考，但有一点可以肯定，互联网时代的媒体生态，一切都不能违背新闻伦理吧，否则传播主体会被反噬，传播效果适得其反。

同学问：短视频新闻大多不需要主持人，网络综艺无主持人现象也已经悄然蔓延，这是否意味着无主持人时代的来临？

答：技术的进步或者社会的变迁，的确可能带来业界的变化。比如现在的电影配音和广播剧都比过去要式微。但目前我还看不到主持人这一职业消亡的可能。最多是多了无主持的节目样态而已。

同学问：控评、删帖、"假性辟谣"一般是为了引导舆论往"正确"的方向走、避免恐慌等，但是网民有时会因此更加好奇、恐慌，甚至出现官方公信力下降的状况，那么这种控评、删帖的手段真的值得吗？

答：一个管理主体，对于得失的评价，可能跟我们想象的不同。我觉得一些评价不高的案例，并不仅仅因为当事者愚蠢……也许还因为骄傲吧。我刚刚出版的新书，有详细的讨论——不过绝不夹杂广告。我援例会给学校图书馆捐赠。

线上答疑：新环境下教法探索

同学问：如果新闻报道和新闻评论都具有自己的观点，那新闻报道和新闻评论的区别是否可以总结为输出观点的程度问题？

答：新闻报道中的某些品种，比如述评性的新闻才有评论元素。我以为程度是一个方面，偏正也是一个方面（谁为谁服务、谁修饰谁）。新闻报道总体还是传递信息的，新闻评论总体是要论证观点的。

同学问：新闻评论和新闻报道是否该包含感性元素？如果有，应该如何把握？

答：我同意为了提升感染力而适度包含感性元素，但不认为有绝对的标准。总之，是在精力和效率之间拿捏吧：既要关注受众的阅读成本，又要考虑吸引读者，给观点穿上可读性糖衣。

同学问：有句话说，"未知全貌，不予置评"，可是现在的新闻中有很多反转甚至再反转的剧情，全貌是很难得到的，我们也无法轻易判断自己已知的跟全貌还有多少距离，那么要怎样才能谨慎客观地进行新闻评论呢？

答：我不认为互联网时代更频繁的反转改变了新闻（包括新闻评论）的易碎性。只要是权威媒体以及多信源媒体确认的事实，就可以评论。新闻反转，评论反转就是。反转不总是坏事。反转代表着有效率的纠偏。

同学问：怎么看待前段时间的"崇拜者圈子"化拟人以及官媒参与其中的现象？如果把上线虚拟偶像看作是官媒想要接地气的一种表现，那么接地气的界限在哪里？这样是否会偏离它们应有的严肃性？

答：跟报纸"早安体"的努力一样，也许算是某种文本改革。但是新闻叙事的进步，不应只是语词层面……或者其他形式层面。但是你说的例子，基于它的媒体属性，我觉得是能想明白的。我本人，不喜欢严肃报纸以不严肃的表达取悦受众——我对严肃媒体的期望是：重要的议题不缺席、不失声，符合新闻的各种专业精神。

同学问:最近,主流媒体经常会报道弱势群体人员捐出自己多年来的珍贵积蓄(例如孤寡老人捐出自己的养老钱)的新闻,一些网友认为不应该宣传这样的价值观。老师认为这样的报道是否带有鼓励人们这么去做的价值取向,还是只是客观报道某一事实?面对这样的情况,媒体是否应该给予报道?

答:媒体从选题到叙事,肯定都蕴含着价值倾向。我不担心媒体作为个体的选择:它为此收获信誉或者承担批评,乃至遭到抛弃。我比较关心的是媒体生态是否多元,以及不同价值的主体,是否有机会以另外的趣味选题和叙事方式得到报道。我只能说,如果我是记者,我不太盼望接到这样的采访任务。

同学问:常说新闻评论写作需要的信息量大,怎么才算信息量大又或者有了观点之后怎么一步步去论证呢?

答:我理解信息量大就是对你的读者而言,你的观点能说服他或者给他以信息启发。论证当然是靠论据以逻辑推演的方式完成的。具体是有一些办法的,我们以后的课会慢慢谈到。

同学问:与在传统纸媒上发表的新闻评论相比,新媒体时代的新闻评论在观点表达、写作形式等方面,有什么需要特别注意的地方吗?

答:这个问题你可以倒推。假如只在效果维度考虑,看受众的接触偏好有什么变化。比如注意力稀释了,比如移动终端带来的新阅读习惯等等。如果是我,我可能会写得更可读一些吧。

同学问:考虑到新闻评论会产生引导舆论的作用以及受众的文化水平和理解能力不一样,新闻评论者在写作时应该把握一个怎样的"度"?

答:我不认为新闻评论者可以"骄傲"到担心公众的智力。而且作为写作个体,我没有职业媒体那些的羁绊。我的意思是:如果你服务一个职业媒体,则按照它给你的度;如果你是像我这样的自由撰稿人,则不用太顾忌那个——你愿意(必须)承担文责就行了。

线上答疑：新环境下教法探索

同学问：在评论新闻时，如何跳出惯性思维，培养发散性思维？

答：首先是要对同质化的重复敏感，对新闻套路和宣传窠臼排拒。然后就是要提高学术素养，无非是多读多写。

同学问：如何区分带有个人观点的深度报道和新闻评论？

答：中心词不同、偏正不同。夹叙夹议的报道还是报道。评论中也有事实性论据，但是为了观点服务，最终指向观点。

同学问：新闻报道即时发布体现了传播效率，那新闻评论怎么体现传播的效率性？

答：我认为新闻评论的即时性也起作用，至少评论的价值跟时效正相关。传播效率当然还体现在表达技巧上。

同学问："事实有真假，观点无对错"，既然不存在对错层面上的判断，那该如何评判一个观点的价值呢？不同立场的观点能进行价值比较吗？怎样判断优劣？

答：当然。我们以后会提及价值起点以及人类的理性和公义，等等。

同学问：上节课老师提到主持人是否应该有自己的观点和立场这一问题，那么您认为一个新闻评论类的节目应当邀请怎样的人来担任主持人呢？能否举例分析一下呢？

答：除了对主持人的一般要求之外，我本人更喜欢专家型。他本身要是意见领袖，具备原创能力。比如沃尔特·克朗凯特。

同学问：考虑到信息层出不穷，热点新闻不断变化，新闻评论的时效性是否会成为一个问题？

答：会。

同学问：老师您说过在新闻评论中观点是最重要的，那当发生新闻事件时,我们在思考评论的时候应该是先有观点还是先有论据呢?而且,在新闻评论写作的时候,观点是在开头亮出,还是采用一种"倒金字塔"的方式,在逐层分析推理之后再提出自己的观点?(我在尝试写相关评论的时候会喜欢在开头亮出观点,但是有时论证的时候会感觉证据不足,或者又有了新的观点,有了更好的角度。但是如果不在开头就亮出观点的话,我又担心这种写作方式有风险,就是读者在没有看到论点之前,是否愿意读完全文……)

答:我说原创观点作为中心论点是最重要的。观点不是凭空产生的,它一定是由头触及了你的知识储备,然后经过思考得出的意见性信息。那么思考是什么?不就是要有论据来确认自己、说服别人吗?观点在哪里亮出不一而足。文字的结构方式可以多样。作为评论写手,你肯定不会一辈子只有一个写作模式,就好比你肯定不会靠一个"倒金字塔"("倒金字塔"主要是用于消息文体)的方式写一辈子的评论。你最后的假定不存在,否则新闻评论写作可以简化为:本评论员的观点如下,一、二、三……

同学问:想问下老师是如何看待"带节奏""蹭热点""洗白"等这类关于情绪化表达的网络词汇的?这是不是可看作是一部分人无力反驳他人,只好从表达动机上否定他人?在这个方向上,又该如何看待网络作家的文章?

答:情绪化表达,如果干扰到叙事本身是不鼓励的,否则适度容许。你说的网络新词,我审美上保守、价值上宽容。动机论确实经常很无趣。你课堂上提及的网络作家不是我的推荐作者,她也许格调不高,但我希望即使对她的禁言,也符合法治社会的程序。事实上相比销号,我更希望由知识界的判断来引导读者的取舍。

同学问:新媒体环境下新闻评论相较以往需要做出哪些调整?
答:前面说过了:倒推。

线上答疑：新环境下教法探索

同学问：如何看待说真话的"造谣者"和说假话的"辟谣者"这一矛盾双方？

答：我没有答案。如果一定要我回答，我的态度就是我从小就学的主旋律思想——百花齐放，实事求是。

同学问：新闻评论的文体一定是议论文吗？

答：差不多是的。相比记叙文，它肯定更靠近议论文。

同学问：新闻评论是否也像新闻一样有严格的时效性要求？

答：新闻评论的影响力与时效性肯定正相关。

同学问：新闻评论写作中在提及新闻本身或复述事件时是否可以带有主观性的描述或倾向性的形容？

答：看情况。但要克制。如果是我，即使带有倾向也要学着"藏舌头"。

同学问：建立观点的过程中最重要的是什么？

答：原创性。

同学问：进行新闻评论时，该不该过多地考虑受公众素质/公众立场影响的后续反应？

答：考虑目标受众是对的。但也没必要在这个问题上过分焦虑。从某种意义上说，传播过程中肯定存在躁波干扰和信息衰变，我们并不打算说服和取悦所有人。

同学问：有时尽管有了一个清楚的观点，但要展开成一篇完整的文章却仍然存在困难，经常不是反复阐释观点内容就是写了大半篇还没扣题，怎样才能比较容易地把握两者间的平衡状态？

答：怎样开车？一方面，驾校的知识是有用的。另一方面，要开车。学会基本的表达技巧——任何一本教科书都有——然后增加知识储备，让它在待机状态碰触新闻事实,生产原创观点并且用逻辑捍卫或说服。无非如此。

同学问:代表了某一政治立场的媒体是否还可以称作有自己的价值取向?

答:我认为媒体无须隐瞒价值取向。但前提是,要有符合现代社会文明法则的媒体生态,以兼容观点博弈受众取舍。

线上答疑：新环境下教法探索

《评论》课后答疑 2：
纷纷攘攘眼前事

同学问：新闻评论是否也会存在大空的问题？即使事件是贴近生活的小事，有些评论也会将对象扩大化。

答：你说的大空问题，的确应该警惕。这也是人们呼唤专业评论的原因：专业的人写评论，或者给评论增加专业色彩。不过你也不要太为此焦虑。新闻虽然覆盖社会的方方面面，但并不需要方方面面的人来搞新闻。

同学问：媒体对公众人物的报道有时会牵涉其个人生活，是否侵犯了其隐私权，公众知情权和个人隐私权的边界是什么？公众人物身上无关职业问题的瑕疵是否值得被媒体和公众放大诟病？

答：我们有很多这样的矛盾。比如互联网的共享与知识产权的保护。但我们也总能找到平衡，比如试听音乐以及付费下载，等等。伦理需要慢慢沉淀为共识。在隐私权问题上，我们就有一些共识。比如公众人物相对于普通人，要让渡出部分隐私权。比如你可以擦边报道演员的社交晚宴（公众对明星无关职业的花絮也有兴趣），但不能随意把镜头对准他的孩子。

同学问：现在很多新闻媒体会对一些艺人明星的事件进行评论报道，也许是为了贴近年轻群体，更接地气。但是部分网友会反感这种报道。这样的度应该怎样把握呢?

答:我对年轻人喜爱的流行文化持宽容态度。前提是,不要让流行文化覆盖一切。比如我女儿可以去看《陈情令》,但我希望她也有兴趣偶尔去听听严肃音乐。更重要的是,我如果希望她这样,我会用道理劝服,而不是动用父亲的威权。

同学问:崇拜者举报事件应该是追星文化一种极端的体现,意见领袖影响十分之大。在我看来,崇拜者维护偶像的形象是无可厚非的,举报信的理由是跟相关规定挂钩,诉求是保护自己的偶像,却大范围波及一整个圈子。这之中是否有把关一刀切或者其他因素呢?

答:把关政策,当然是鼓励一种价值否定一种价值。既然谁都没有活在世界之外,你可以有自己的体验和判断。

同学问:如何看待明星崇拜者举报同人小说网站等平台?

答:我没太关注年轻演员。但我知道郭敬明粉丝,当年不许别人批评他剽窃——他自己都承认的剽窃。是的。郭的粉丝,不许他为自己都承认的错误道歉。我记得陈丹青评价拼命要到签名的读者——有出息的年轻人不会如此。

同学问:老师如何看待严肃新闻娱乐化趋势甚至是严肃媒体直接转载娱乐新闻的现象?

答:我非常反感。我不排斥娱乐,但严肃新闻的娱乐化,就是媒体庸俗化的表现。但这也不应单纯归罪于从业者的道德水平,他们也有他们的难处。

同学问:有些电影会被一些网友认为"三观不正""道德观有问题"而打上低分。如何看待文艺作品与所谓的"三观""道德观"之间的关系?

答:"三观",应该是文明社会沉淀的共识,而非强制规定的标准答案。很多事情上的是非,在这个逻辑起点上推论就行了。

线上答疑：新环境下教法探索

同学问：最近《中华人民共和国外国人永久居留管理条例》（征求意见稿）引起了很大反响，甚至出现了"中国女孩不要嫁老外"的舆论，但我看了司法部案例后，并不能理解这样舆论出现的原因，请问老师是怎么看的呢？现代恋爱自由，婚姻自由，女性想要独自美丽也未尝不可，对于这种论调本身，老师又是怎么看的呢？

答：报纸上，最乐见荷兰女孩儿嫁山东农民之类的新闻。我以为，在骨子里可能跟不买外国货，有同样的逻辑源流和思想基因。当然，担心外国人的特权是可以理解的，但那是另外一个议题了，你可以课后看看在留学生议题上的争议。

同学问：我想问下老师对这几天网民坚决反对《中华人民共和国外国人永久居留管理条例》（征求意见稿）现象的看法。

答：我是国际歌里所谓的国际主义者。假如外国人有永居本国的热情，不恰好佐证我们的各种自信吗？

同学问：澳洲媒体在报道孙杨禁赛事件的时候偏袒澳洲本土运动员，这样的报道违背了真实，您认为我国媒体会这样做吗？作为媒体人，如何保持公正？

答：我不知道是否存在一个统一意志的"澳洲媒体"。一个媒体如果有失公允，它可能会受到行业协会的自律监管，而读者也有机会选择其他媒体，这样的媒体生态就是良性的。理论上，媒体人需要尊重已经非常成熟的新闻伦理，但在事实上它也受到管理政策的影响吧。

同学问：前段时间有网友发布了一个视频，记录的是天津某小区一老人被打的场面，视频一出便引起了公愤，某些视频网站甚至夸张化地描述为"天津拾荒老人被推搡殴打至瘫"的虚假新闻。一知乎网友王某亲自前往事件发生小区进行调查，发现事实和视频描述的不太一样。视频中被打的老人是小区住户，每月有生活补助，视频里记录的真实情况是该老人多年来违法占用堆放垃圾的小区公共空间，将四处搜罗来的垃圾违规堆放于此,物业居委会多次劝阻无果。之前居委会还出钱收走了他的垃圾,然而老人依然我行我素。事发当时,老人正在反抗居委会人员的劝阻,手中甚至还有钉子。此言论一出,有网友说不能听信王某的一面之词,说是他收了钱替物业辩白。请问老师怎么看待某些虚假新闻宣传的误导性?"兼听则明,偏信则暗",如何看待作为知乎网友而不是记者对这件事的调查(图文兼备)的真实性?

答:对啊。你自己已经有了答案。就是允许兼听啊。新闻反转不怕。作为内容生产方,自媒体和专业媒体需要相互佐证和纠偏。

同学问:此前,微信公众号"青年大院"被微信"阶梯处罚",调查显示同一公司旗下的不同公众号,对同一事件的评论,一骂一夸一中立,被称为"韭菜联合收割机",该公众号曾因抄袭、洗稿被原作者声讨后对作者进行人身攻击,此外还有多篇文章引发巨大争议。有人就此提出观点:报道新闻是一门生意,新闻评论就是商品。您如何看待?

答:如果有人进行电话诈骗,是否可以就此否定电话作为通信工具本身的作用?你说的案例我没有仔细关注。但一个健康的媒体土壤里,有行业自律和法政的他律,受众有反馈和取舍媒体的机会,能良性互动就可以了。

线上答疑：新环境下教法探索

《评论》课后答疑3：
好奇心和做功课

同学问：大数据时代，民众能够通过网络在第一时间了解最新的新闻事件，甚至常常快于某些媒体报道，那信息技术的发展会不会对媒体工作者的职业造成一定的影响？

答：当然并且已经产生了影响。要不然，他们闹"咸与融合"为的是什么？而且技术进步导致的媒体变革不是第一次。否则报纸之后不会有广播，电台以后也不会有电视。

同学问：对于自媒体而言，不单单是新闻自媒体，公众对它形成信任和依赖的因素是什么？

答：自媒体不是要取代职业媒体。而且，自媒体也不是永远不如职业媒体。比如，你去查查"德拉吉报道"。想一想，在对当下社会事件的报道中，有没有自媒体提供优质内容？自媒体当然也要自我把关，一样要靠信用和口碑赢得观众。

同学问：随着自媒体平台的出现，"公民新闻"不断涌现，"公民记者"也广泛存在，您觉得未来专业记者会被"公民记者"所取代吗？为什么呢？

答：你知道，采写记者是需要有新闻采编从业资格证的。至于未来，我希望是自媒体和职业媒体相互补充。

同学问：一些政府机构和社会组织逐渐组织起自己的宣传队伍，建立起自己的话语渠道，这会导致传统媒体行业的消亡吗？原先被用于购买媒体版面、电视台时段的经费，越来越多地外流。传统媒体陷入了一种人才和资本都逃离的恶性循环，这会导致新闻媒体报道的质量下滑吗？

答：我从就读新闻专业的第一天，就知道媒体是"党和人民的喉舌"。我不觉得，我们有私营性质的新闻媒体，或者谁可以免受新闻政策的把关。而机关单位本来就有自己的宣传功能，它随着传播技术升级不是自然的吗？传统媒体的生命力则是另外一个议题了。如果单纯由市场因素作用，我想它们对应的技术特点，会决定在哪个阶段、切分多少份额的受众市场。还有，传统媒体的人才逃逸是显然的。不过，新闻报道如果质量下滑，那甚至都未必是最主要的原因。

同学问：在新的技术环境中，许多新闻生产者、传播者面对的是用一定信息技术预先记录、呈现的事实信息。而这种经过技术手段所呈现的新闻事实能否代替原生态的新闻事实？

答：按你的意思，只有亲历了。但即使亲历就能保证叙述的原生态吗？我多次回答过类似问题：我们只能最大程度地接近"原装"事实，为此需要多信源参照和采写者的诚实。技术的发展，理论上可以减少传播中的干扰"躁波"，除非它又被技术之外的东西劫持。

同学问：现如今，自媒体行业从业门槛低、人员素质良莠不齐，受其引导，很多没有思辨能力的网民很可能跟随所谓的"大V"站队，这样一来非但无法接近事实，反而把舆论环境搞得乌烟瘴气。如果建立一个行业准入制度，那跟"自媒体"的自由观又相违背。对此，老师怎么看呢？

答：我前面回答过类似的问题。其实相对于舆论交锋的嘈杂，我更排拒一个声音的平静。"粮食产量放卫星"时代的舆论非常一律，但那是理想的新闻生态吗？相比那会儿，我还是更喜欢今天。自媒体的自律和行业他律都需要，但最好不伤及互联网精神，要符合法治社会的理念。永远不要轻视公众的智商。辩论不会让真理掉色，不让辩论反而更危险。当然我们也需要了解辩论的伦理，比如以后我会讲到"或谬原则"等等。

同学问：最近一段时间大型新闻热点频现，微博网友对各种负面新闻的议论热情尤为高涨，是否存在特殊情况下人们因精神紧张从而对一些新闻做出过度反应的现象呢？

答：会有。但我一般不太指责普通受众。因为他们的紧张对应的是真实问题，安全感缺失的主要责任不在他们。

同学问：当新闻事件发酵后，舆论和事情发展的导向早已偏离了初始问题的本质，在这种情况下我们应该把焦点放在哪里呢？

答：焦点应基于媒体作为公共平台的担当、服务媒体的倾向以及个人的价值偏倚和业务专长。

同学问：新闻媒体（非个人）在做新闻评论时可以表现出自己的评论偏好吗？比如偏好于评论某类新闻、某类事件。

答：自己是指……媒体？当然可以。比如《环球时报》和《南方周末》。

同学问：请问老师如何看待新闻报道中的"不说假的，但真的不全说"这种现象呢？

答：我讲的是新闻评论。至于你指的那些职场的"老滑智慧"，取决于新闻报道者自己的情商以及职业理想和道德底线。

同学问：对于新闻评论来说，是观点更加新颖、有思考价值更好，还是论据更充足翔实更重要呢？如果一篇新闻评论的观点很有价值但论据并不太充分，那还算有价值的新闻评论吗？

答：应该说，一个新颖的观点需要翔实的论据支撑才有意义。否则观点再惊世骇俗,也只能流于哗众取宠——而且最终也不能实现哗宠。而一个翔实的论据证明一个老套的观点,那叫重复常识。

同学问:对于可能引发争议的话题,应该如何发表自己的观点?
答:如果你不介意意见气候可能带来的压力,能逻辑自洽就行啊。

同学问:我们经常能听到"独立思考""独立女性"等以独立为前缀的词,请问老师对"独立"的理解是什么,什么是独立女性?
答:就是字面意思。独立女性,就是追求意志独立、经济独立、人格独立的女性啊。顺便说一句,我也有轻微的女性主义倾向,却不敢说自己是独立了的……男性。

同学问:对于一个新闻事件的看法,我很容易接受别人评论的观点、特别容易被说服,虽然我也有自己的判断,但是很容易动摇,请问这种问题该怎么克服呢?
答:将别人的观点构成自己思考的参照。你要建立自己基本的价值体系,才能有选择性吸收的底气和能力。

同学问:热点新闻层出不穷,曾经引起极大关注的新闻似乎转眼间就被公众忘却,如何看待这种热点覆盖热点的现象?
答:信息负载是有可能的,但也没办法。我只希望,一个新闻对应的社会问题,不要一再成为新闻。

同学问:在真相尚不可知的情况下该如何评论新闻事件呢?此时媒体的评论导向是否是非道德的?
答:前面说过,有"权威媒体+多信源确认"就可以动笔。

同学问:创作自由是很多文学创作者所极力追求的,但同时有些人因为和创作者的审美不合而对其作品进行各种诋毁甚至上升至举报,这些行为是不是限制了创作自由呢？

答：在健全的法治社会，是可以用道德和法律来处理这类事情的。

同学问：怎样培养逆向思维的能力？

答：具备怀疑精神、知识储备和逻辑水平。

同学问：您赞成"被误解是表达者的宿命"这种说法吗？为什么？

答：你玩过那种传递耳语的游戏吗？传播过程中的躁波现象是肯定会有的。但这不意味着我们不能为精准表达而努力。

同学问：新闻评论的选题是否有好坏之分？如果有，一个好的新闻选题应该具备怎样的基本要求？

答：当然。选题可参考受众关切、新闻本身的价值、论证视角和服务媒体的风格定位等等。

同学问：新闻评论中需要逻辑严密的论证，想问老师对评论写作新手如何增强自己的逻辑思维与论证能力有什么具体的建议吗？感觉自己一般较难发现自己的逻辑漏洞，多将文章交由他人审稿是否可以缓解这个问题？

答：如果你以后在报社或电视台工作，不用担心你的文章没有他人审稿。逻辑论证有一些基本的规范，如同一律、矛盾律，例证法、归谬法等等。但光有这些还不够，你还要有足够丰富的理论和工具。

同学问：请问老师，除了在对某一特定新闻写评论的时候有针对性地做功课外，日常生活中"做功课"需要做到什么程度？

答：俗话说艺不压身。我认为为了专业成长所做的努力，不存在一个固定的"程度"。平时做功课类似于阅读中的泛读，写评论时查资料类似于主题性精读——它有固定的索引方向，而且需要对一般读者具有信息量。

同学问:一些针对当下热点时事的评论,是否会因做功课(查资料或需要实地考察等耗费时间成本的情况)而与该评论的时效性冲突?

答:二者确实是一对矛盾,但不是不能调和。你肯定不能像写毕业论文那样写新闻评论,但也不能只为了时效性放弃硬信息。不过写评论很少需要像写报道那样的实地考察,一般就是查资料。假如你自己有日常积累,能瞬间联想线索,网络求证并不特别费事。

同学问:写评论需要有对世界的好奇心。但我现在看到一件事情并不会感到新奇,请问该如何保持对世界的好奇心?

答:你看过《疯狂原始人》吗?我原以为好奇心一般跟年龄反相关。按说丧失好奇心的,应该是我这样年纪的人,而非你这样的啊!说得酸一点,世界很大,你们难道不都是急着雏鹰展翅吗?你一定都看过《苏菲的世界》吧?对那个"温暖的兔子皮毛深处"的比喻有印象吗?一句话:对世界的好奇心推动了社会进步,也许年轻人应该肩负更多一点。如果你打算把新闻采写当成职业,我认为那简直是基本的素质要求。

同学问:应该把看到新闻后条件反射的想法变成观点,还是保持距离感,放慢节奏,冷静思考过后再表达(时效性是否会受到影响)?

答:窃以为,时效性要求是基本的。即使互联网反转时代,也不能改变新闻(包括评论)的易碎性。但"冷静思考"并不是为此必须付出的成本——我们这行都是这样的工作节奏,冥想慢悟不是典型的媒体人形象。

线上答疑：新环境下教法探索

《评论》课后答疑 4：
救画不救猫

同学问：上节课关于宠物狗的讨论让我联想到了理性与人性的问题。很好奇老师对于之前网络上热议的"美术馆着火，救一只困在里面的猫还是救一幅绝世名画"这个问题的看法。而且我们在写新闻评论的时候如何在保留人情味的同时又不失理性，让读者觉得可信？

答：好问题。鼓励这样的"烧脑"思考。说真的，这个问题让我犹豫了好大一会儿。如果允许说心里话，我可能会选择绝世名画——除非我女儿同时在跟前。还记得《后天》吗？为求生，我接受靠烧图书馆的书来取暖的行为，但我也理解，导演为何单单保留了古登堡的善本。豁出去吧：我不认为动物跟人具有平等的权利。很多朋友喜欢以动物喻人。有个段子说，你满怀温柔地喂了狗一根火腿肠，是否想过猪的感受（你们都看过《夏洛特的网》）？尽管我不完全认同这个段子的寓意，但多半就是从这个起点立论的。不过我确实认为，"人情味"并非评论一定排斥的东西，我们不能让它影响了理性。

同学问：新闻评论该不该带有"同情心"？如何把握新闻评论中道德评价和道德绑架的区别？

答：当然该有。不过我更喜欢用"悲悯"这个词。是否为道德绑架的判断标准，是看打的旗号，为道德牺牲的道德，哪个应该优先尊重。比如某评论里提到让乡村教师扶贫我就不以为然：扶贫固然是好事，但如果乡村教师本身经济状况并不好,而且未必出于自由意志,那么让他们扶贫往往会陷入形式主义。

同学问:在进行新闻评论的过程中,是否需要尽量克制自己的感性认识,一定从理性的角度评论呢?

答:新闻评论作为新闻体裁,肯定比杂文、散文要强调理性,但它不排斥人情味——我是说我不排斥人情味,以及其他为增加可读性而适度的"感性"。

同学问:对一件事情本来就有自己的情感偏见,但为了表达观点给这种偏见扣了理性的帽子,这样的评论有意义吗?

答:你已经确认了是"偏见",那就已经违背了基本的诚实,这样评论肯定不好。

同学问:一些营销号会在发生新闻时发出许多煽动性的言论来达到自己的某种目的,并且很容易就让人信服。那么作为并不成熟的评论者应该如何避免被营销号"带节奏",从而完整理性地表达出自己的观点呢?

答:那就尽快成熟呗。我能从装帧风格识别出鸡汤和励志类图书,你相信吗?更别说"谁动了他的灌饼"那类标题。营销号在叙事风格上是有明显特点的。还是前面说过的老话:你自己有了完备的价值体系与知识储备,才能在各种杂音里有基本的表达底气。

同学问:现在网络环境越来越开放,开放匿名的网络评论环境是否会带来意见传播的混乱格局状态?

答:哈哈。好吧。首先,无论用什么样的ID,都不存在真正的匿名。另外,在我看来,健康的传播生态是能够容许法律底线上的观点博弈,而非中心化的整齐划一的。

同学问:新闻评论是一个个体或者组织的统一观点,那么新闻评论

线上答疑：新环境下教法探索

在通过媒介传播给受众时，更趋向于观点的输出还是信息的交流，或者说新闻评论的根本目的是什么？

答：评论相对于新闻而言，是输出观点。但是这并不妨碍——实际上是需要事实性的信息来帮助论证。新闻评论是媒体的基本功能，满足受众对于观点的需要，也是写作者释放价值的需要。

同学问：当我们寻找新颖的观点的时候，可能会面临一种两难，有些新颖的观点可能在三观上并不是很正确，那么就评论而言，到底是"新闻中的三观"重要还是新颖、博人眼球重要？

答：观点的正确，在我看起来，就是逻辑自洽，而非某种标准答案。否则那是课后作业（即使课后作业）而非新闻评论了。当然，为了发表，你有时需要妥协，我是说顾及新闻政策。

同学问：有人说现在的时代是偶像失声的时代。关于偶像是否应该发声、应该在什么时候发声，请问老师您怎么看？

答："偶像"间差别太大。一般说来，有影响力的意见领袖或者公众人物，应该给他的追随者提供观点参照。对于严肃的社会议题，也应该经常有发言意识。不过我们不要说演艺明星，知识阶层的情况又如何呢？比如当下的焦点事件中，理应是"社会良心"的作家们表现如何？

同学问：王老师，您怎么看待明星配对文化呢？如果其同人作品里对于明星的塑造有一定界限，这个界限的范围应该是什么？在创作这类作品时，是否需要尊重明星个人的合法权利？

答：非常抱歉。对于新潮名词，在一知半解的情况下，我不太敢胡说。反正我在文艺观上的态度总体宽容。我可能不是某种前卫潮流的人，但可以兼容。我觉得边界就是有无违反社会的基本伦理规范，以及是否干扰到他人。

同学问：我通常能找出别人表述观点的漏洞，但是自己的缺陷就不太能知道,或者说,虽然我知道自己的观点有不足,但不知道怎么完善从而能说服别人,这种情况怎么办?

答:笼统而言,就是要有一定的学问积累,一定的思考能力。我觉得你的问题,首先不在于说服别人,而在于理清自己。例如,对于一条新闻,你是否有原创看法,能否组织论据证明它。

同学问:老师上节课强调的重点是做功课,那么我们应该先形成自己的观点然后去找可以支撑自己观点的论据,还是先去收集资料了解得更全面更具体然后,在此基础上再提炼观点比较好呢?

答:你平时所做的功课,就是指泛读意义上的,可能随时会让新闻由头"触机",以产生写作冲动和视角线索。有了线索,就可以去指向性地搜索了。

《评论》课后答疑 5（特别版）：
然后果然

我喜欢懂得社交礼貌的孩子。L 同学采访我，语尽谦恭，我虽然觉得话题为难，还是努力配合了。不过提醒成文不讨巧，采访文章出得来出不来都未可知。然后，果然不出所料。不过没有关系。我还是备份到自媒体，知我一年并未偷懒。

1. 越来越多的网民恶意使用举报权，用以宣泄私愤或者煽动大众，您如何看待这个现象？

答："恶意"、"宣泄"和"煽动"？您这个问题已经先有了判断，不像是要听采访对象的意见啊。在我这个非法律工作者的有限认知里，"举报权"作为公民基本权利，主要是指我们举报公共单位及其人员的违法犯罪行为。应该主要不是指曝光、爆料你的同学或者邻居。举报权当然也因为"不周延性"允许推广使用，但我更愿意接受举报伪劣产品之类。假如是你提问里列举的情况，我当然不支持。

2. 有网友说："我们不应该鼓励作品被举报，举报本身就是对自身文化的不自信。"您如何看待对思想的举报行为？又如何看待关于这个方面的大讨论？

答：哈哈。你的问题都含有强烈的倾向性。说白了就是没给被采访者预留空间,所以个人不推荐这种采访设计。写作和发表也是法律规定的权力,而且"价值秩序"比较上源,因此从它出发的判断没有悬念。你说的那种"大讨论"在教科书里就有,比如"实践是检验真理的唯一标准",关于这个现在没有合理性的争议。

3. 根据《中华人民共和国刑法》第三百六十七条,包含有色情内容的有艺术价值的文学、艺术作品不视为淫秽物品。《下坠》这篇文章中出现了一些露骨的性行为描写,但也有网友称此文章"文笔细腻"并且具有对边缘群体的人文关怀。从专业角度来说,文学作品艺术价值的评判标准是什么?

答:与性相关的艺术取向,我本人在价值观上宽容,审美上保守。相比《查泰莱夫人的情人》的露骨,我更喜欢《围城》里含蓄的描写(如"他闻到了一股爽身粉的味道",仅此而已)。我的确不认为,描写男女感情一定要把镜头对准卧室。但是它有中译本对吗?《废都》也是合法出版物。所以不仅是你援引的法条,那也应该是普遍的社会共识。前几天说到过,某节目给大卫雕像打上遮挡,不是被热议了吗?那你能告诉我具体的标准是什么?大家心里都有个尺子。至于审核与仲裁机构,却可能需要量化标准。我个人倾向于电影分级制度那种,就是视粗口、性、暴力、毒品的成分以及受众对象的年龄分别对待。

4. 您觉得对暧昧、暴力内容的细节刻画对文学作品有怎样的价值?能举例谈谈吗?

答:文学艺术里的暧昧和暴力,对于成年人来说,可以是一种表现手法和娱乐元素。只要不过分黑暗和变态,我觉得既然对应真实人性,可以接受。比如电影《泰坦尼克号》,我知道在甲板上朝海里吐痰这一行为引起过争议,但船舱里的激情反倒被认可,因为……美。而且,是合乎逻辑的情节。我就不说《金瓶梅》了。即使《红楼梦》里也有描写吧?昆汀的电影能进院线(它在不同社会背景下会有不同的容忍程度)。也许有些把关人太敏感脆弱了。我在宽带上点播荷里活,发现有些剪辑毫无必要。

5. 历史上著名的同人作品很多,比如《三国演义》《封神演义》《西游记》《金瓶梅》,等等。同人作者们也呼吁"创作自由"。但同人创作确实存在一些法律风险,可能会涉及侵犯他人隐私权、名誉权以及著作权。那么,作者应该怎样把握创作自由的边界呢?

答:这个可能要咨询法律工作者。某演员动辄指责别人糟蹋经典,我不认为他那种卫道合理。但听说有关《福尔摩斯》的衍生产品生产,就要得到它的版权单位授权才可?我在班里举过例子,《流言蜚语》就是嫁接的《毕业生》。这是常见的文艺手段,但也可能存在边界。比如改编《岳飞传》就要小心,更别说新时期的英雄人物了。总之法律和政策应该有成文,你不妨去做做功课。

6. 如今对文学作品审查的力度着实不小。这种限制一定程度上使一些线上创作平台逐渐失去了创作者和读者。有人认为对文学作品"扫黄打非"本身就是错的,您如何看待这种管理制度?

答:你举的例子,就相当于给大卫打上马赛克,大部分人可能会觉得滑稽。现代社会行为和秩序需要管理,但要区分价值等级。

7. 此次举报事件发生后,不少网友呼吁我国建立完善的艺术作品分级制,您如何看待这个问题?

答:这是对的。也应该是国际通行的做法吧。

《评论》课后答疑6：
多少旧闻成新闻

同学问：上节课老师问举办"狗肉节"引起风波之后，我们的观点与态度会不会改变，我想说不会，如果会改变就不会每年都有狗肉节或者每年都引发争议。我又想问这种中立的态度会不会影响我们做新闻评论？

答：我不记得那样问过你们，这应该不是原话和本意吧。而且你为什么用"我们"？我同意你的观点。说服的确非常困难，我以前还专门写下感慨（《我从未有幸经历过说服》）。还有我不吃狗肉，并且不反对别人吃狗肉。这算不算中立态度？其实写评论主要问题不是态度归属，是观点有没有新意以及论证是不是有力。

同学问：面对新闻事件时，如何打破只是在脑子里想想的习惯惰性，而能随时把思想火花变成说理论证呢？

答：惰性……这是真把我当"知心姐姐"吗？问题要与课程相关。前面说过，如果你确信媒体工作是就业方向，发言便是基本的义务和能力。而且新闻评论文章，相对于会议消息在人才市场也更有竞争力。怎样把思想火花转变成说理论证，是得先有思想火花啊！无非首先是知识储备和价值立场"触机"新闻由头，其次才谈得上根据文体特征写作。

同学问：新闻评论的对象可以是已经过去很长时间的新闻事件吗，

线上答疑： 新环境下教法探索

因为刚发生的时候没有什么感悟,过去了一段时间才有想法。那么这样一篇在大众已经失去对事件的关注后才发表出来的新闻评论会有价值吗?

答:如果它对应的问题还在,你设法找个由头(不见得是事件性由头)并不难。除非作者本身就构成吸引元素,否则一般报纸很少有版面接受"空降式"的议题。

同学问:请问该如何增强新闻评论的感染力?是在文辞上晓之以理动之以情?还是评论一些与受众自身利益相关的新闻?我们写作新闻评论的时候仅仅需要从自己的立场出发去表达自己的观点,还是需要从受众的角度出发考虑他们的情感立场和理解能力等等?

答:新闻评论,有符合文体的审美。比如逻辑缜密、干净晓畅。文辞当然也很重要,但一般没有文学体裁的文章文藻华丽。受众关切是选题依据之一,从自己的立场出发也属题中之义。作为媒体发表的传播行为,你顾及目标受众做表述上的迁就亦可以理解。需要说明的是,我认为感染力是说服力之外的"浇头儿",重要性只算是后者的锦上添花。

同学问:如果新人记者做一个新闻评论选题,您更推荐选择热点较高、关注面较广的事件还是角度新奇的新事件?

答:如果你找男女朋友,是找更帅的还是更有潜力的? 如果可能,就找帅而有潜力的吧。比喻不严密,大致是这个意思。注意:角度属于你写作选择的切入办法,跟热点与否不在同一范畴。

同学问:一篇新闻评论如若切入点和论证阐述本身都没有问题,却收不到理想的效果,或者说绝大部分受众不以为然,还能称作一篇好的评论吗?

答:我自己不算一个成功的作者。但是一个传播行为,就那几个要素。假如问题不在一个环节,必然在另外一个环节。有可能是你写作的水平,也可能是你的价值未被接受——无论如何,这种情况下,我鼓励你们努力成为毕加索而非梵高。在注意力普遍摊薄的时代,内容生产者都要自带流量。

同学问:如何看待变成新闻的"旧闻"?再次评论时会有怎样的不同?

答:它对应的矛盾还在。在我看来,红茶菌神话,就是100年前,"经霜三年的甘蔗"(出自鲁迅《朝花夕拾》里《父亲的病》一文)再版。重复常识当然是必要的,特别是常识没有成为常识之前。但总体而言还是努力让写作创新。

同学问:现在的网络环境是比较宽松的,人们可以在网络上抒发自己的观点,但是网上的言论也比较情绪化,戾气越来越重,网络舆论经常出现非黑即白的现象,这让人在面对一件事的时候难以保持理智进行深入思考,有时也无法客观地看待别人的观点,而是带着自己的情绪去批判别人,有一些新闻评论会被讽刺为"理中客",如何看待这一现象呢?

答:哈哈。好吧。焦虑是显然的现实,舆论的盲动也存在。可它折射出社会现实矛盾,对应受众真实的诉求。作为传播者,你追索自己的职业理想;作为受众,你要学会处理信息的能力。"理中客"的问题,在于忽略倾斜的背景做空泛之谈,因此打着中立的旗号,反而成了帮闲或者帮凶。

同学问:现在在微博上发言越来越累了,需要斟酌再斟酌,甚至到最后渐渐失去发言的冲动。微博变成"斗场",仅仅是发表自己的看法,也常常会有许多人因为该看法和他们意见不一致或者是戳中他们的痛点,从而发表大量情绪化的言论,不容得一条一句属于个人自己的观点,缺乏理性讨论,怎么看待、面对这种现象?

答:微博由商业网站推出,它的首要任务是给股东挣钱。因为同时兼有公共属性,当然也可以成为议事厅。微博现在的问题未必在微博本身。它是中文互联网语境的子生态。民众戾气是存在的,具体已见前述,但思想意见领袖的流失,我不愿苛责一个市场主体。

线上答疑： 新环境下教法探索

同学问：新闻评论应当是回应现实中的真问题的，我们也会听到这样的话——"要关注时代的主流"，那么我们的新闻评论是否应该只关注主流问题而忽略一些细碎的社会问题？我认为答案当然是否。可是考虑到现在的传播环境，似乎只有关于主流问题的评论，甚至是只有符合主流观点的评论才会得到广泛的关注，关于细碎社会问题的评论则会被庞大的信息流掩盖，而不同于主流观点的评论会被网民群起而攻之，您怎样看待这种情况，我们又应当如何应对这一问题呢？

答：什么叫主流？是距离体制的远近，还是指实际影响力？其实你也可以忽略这些。你选择了这行，你是新闻人，你就需要对你服务的媒体机构负责，需要对自己的良心负责就行了。

同学问：在当代的舆论环境下，对于公共议题的观点更容易引起讨论，如何改变因害怕误解和谩骂而逐渐降低表达的欲望？

答：看个人。说说我自己。首先，我不做惹事表达。有时候，为了避免无谓的谩骂，我宁愿王顾左右。但在大是大非的公共议题上，多半会直接发声，哪怕为此"友尽掉粉"。表达欲望不能降低，除非打算放弃职业和专业。

同学问：在网络上某些新闻事件的评论区，人们发言前往往很少听取或认真思考与自己观点不同的意见，有时矛盾甚至激化为人身攻击的骂战而不是理性的探讨。这与网络低龄化有关吗？是否也是群氓现象的一种体现？在这种浮躁的风气中是否还能够或者有必要理智地发声？

答：辩论是需要风度的。发言是需要负责的。舆论场戾气弥漫值得警惕，但我不解读为鸡汤化的"浮躁"，特别是某种特定的历史时刻。另外，"低龄""群氓"这类含有集合歧视的名词我会慎用。

同学问：如今各大追星圈子中出现"意见领袖"，但是这些领袖的ID因为有社交网络的庇护，他们的真实身份或人格往往不被人了解的，所谓的意见领袖有可能是职业粉丝有一些甚至利用这一身份进行疑似非法集资等等很多误导未成年人的行为。那么怎么看待互联网追星圈子中意见领袖的存在呢？这种存在合理吗？

答：相比线下，互联网确实提供了一层面纱。意见领袖不是封的，是靠意见建立的个人权威。至于欺诈，无论利用互联网还是电话，一样法办就是。

同学问：明星"粉丝"举报亚文化平台引发网民骂战后，环球网官微发布"老了，没看懂为什么战"后遭到大批网民抨击，认为这是缺乏新闻媒体应有素养和责任感的表现，我们应该如何看待它作为媒体的这一表态呢？

答：我还是老观点。不怕媒体观点荒谬，就怕没有选择，或者我们的选择对它不重要。

线上答疑：新环境下教法探索

《评论》课后答疑7：
当我们说到羊屎球

同学问：在写新闻评论时，我通常想要站在一个尽量理性、客观、公正的角度辩证地思考。就是说，我习惯性这样阐述我的观点：我们要做到A，但B在一定条件下也有其合理性（A和B为一个事件中对立的两方的观点）。这样的做法在新闻评论中是否算做没有自己明确的观点呢？

答：看情况。符合逻辑的判断就是最好的判断。但不要陷入"万能辩证派"，凡事都一分为二。

同学问：面对一个事件时，特别是牵扯到几方利益的情况，虽然我第一时间会有自己的立场倾向，但很快也会发现对立面也说得通。这时候我是应该用一方观点压倒另一方，还是以一个较为中立的角度去做评论？目前我自己更倾向于后者，但经常如此会不会显得像"墙头草"？

答：(1)说明问题本身可能存在悖论，需要你区分价值等级。(2)说明你自己没有想清楚。没想清楚的问题，怎么可能以己昏昏使人昭昭？(3)自己想清楚还不够，还要看看这个认识是常识，还是对别人有信息启发的。(4)如果观点具有原创性，仍要看看自己能否具备论证能力，以增加它的"可接受程度"。你对照下，为此需要做什么样的功课吧。

同学问：对于一些暴力性事件或者灾害性事件等，媒体是否应该如实报道？

答：当然应该如实报道。一为满足公众的新闻知情权，二为信息的提前广播和及时告知，三是实行舆论监督。

同学问：未来，媒体行业的发展会越发多元化，势必会出现越来越多的媒体平台，那么，主流媒体的公信力是否会下降，各种渠道的消息会不会使民众对社会的信任度降低，会不会出现主流媒体和民间新闻对同一事件有着不同甚至相反报道的现象？

答：类似问题我回答过。我认为主流媒体的主流位置，要靠业务努力来实现。如果它透支自己的公信力，肯定会被边缘化。道理很简单，毕竟互联网时代受众有其他的信源选择。同一事件的报道错综，这种现象已经不是"出现"而是典型了。

同学问：对于一些社会问题，国外和我们中国看待问题的角度会不一样，这可能也是外国对中国产生误解的原因之一，作为中国媒体，要想讲好中国故事，就应该了解外国的文化，同时将世界多元的思想传播开来，虽然各个媒体有自己的预设立场，但是这也阻碍了中国媒体的受众对外国的理解，中国的人民应该有必要去了解更多国际的思潮的。一些知识水平相对比较低的群众除了通过媒体并不会接触到太多国际方面的新闻，您认为这种媒体报道的方式是否不利于中国和世界的交流？

答：很好的问题。首先，中外文化背景的区别是肯定存在的。比如家庭教育。第二，尽管存在文化背景的差异，但人类对爱恨情仇的认识是共通的。比如无论中外，对于未成年人的暴力内容阻隔都是一样的。第三，同一个世界同一个梦想，我赞成沟通而非自闭。第四，彼此的误解是存在的，而媒体在其中的正反作用是明显的。这里面的原因很多，我想媒体至少应该……首先是媒体吧。媒体对照下媒体的定义和属性，看看是否符合了基本的新闻伦理，然后在此基础上再反思具体业务。最后，我想说的是，今天的读者比我们幸运。也许作为受众可以多点自觉，而不是仅仅指望媒体（至少不局限于职业媒体）。我的意思是，如果你担心媒体误导,自己去看看就是。

同学问:老师如何看待追寻真相这个议题?当新闻媒体所追寻的真相是想引导观众看到的真相,但与事实真相相违背的时候,作为媒体人该如何抉择?

答:媒体人是具有独立意志的成年人,他可以选择靠近自己新闻理想的媒体。

同学问:"意大利媒体泄露封城令致民众出逃,而此前意大利民众曾表示要不戴口罩,封城后也仍然聚众。"在面对一些突发性、灾难性的事件,而群众已经受长时间媒体及社会环境影响形成了一种主流价值观时,媒体该如何暂时忽略所谓立场问题,做出真正有效的引导呢?短时间内改变民众看法(使之转变为与原来价值观稍显相背的观点)是可能的吗?迎合原有舆情做出判断是媒体的失职吗?

答:媒体的立场,只是社会共识基础上的主张倾向,并非是放弃公义代言权力或者资本。今天的受众,不是魔弹论主导时代的靶标,你认为他们有这么笨吗?我早说过假如放弃媒体乌托邦,最好的办法是靠多信源实现接近真理。总之我们可以不必太为意大利朋友担心。

同学问:《三联生活周刊》的编辑在审核一篇文章时以新闻的客观真实为审核标准,但发表后又在思考某些同类主题的信息是否太过密集,毕竟有时候真相是很残酷的。所以我想问,我们在保证新闻真实性的前提下,又是否要将读者的接受情况纳入书写与审核时的考虑范围?

答:(1)客观性是新闻理想,诚实是记者基本操守。(2)你的问题,似乎要说信息过载?那只能靠受众自我调剂,媒体的义务就是反映变化的现实。(3)因为真相很残酷,所以选择隐藏真相?那肯定不行。真相很残酷,才提醒我们应该聚焦导致残酷的原因。(4)保证真实性前提下的描写克制是应该的。报道杀人案件,也不是非得把镜头对准尸体。

下篇

《评论》课后答疑8：
炎凉苍狗变

同学问：弗洛伊德曾在《文明及其缺憾》中提到，人类的本性和文明之间存在着几乎无法调和的矛盾，文明是对于人性的压迫和束缚，他认为文化、教育和技术进步无法在根本上改变人类天性中存在的自私、冲动和攻击本能，王老师是怎么看待文明和人性的呢？

答：那你觉得，相比过去的殉葬、裹脚，文明有没有进步？极端例子容易放大效果，细数又何止一二。从君王专治到民主法治，从龟甲巫药到分子医学……我觉得，人性中的黑暗成分，从来也没有阻挡前行的巨轮。而且人性也不仅仅只有黑暗成分吧？我们都会被真善美感动。

同学问：身处"后真相时代"，很多群众甚至不搞清事实脉络就宣泄自我情绪，作为媒体工作者，观点的输出该如何引导大家正确思考呢？

答：我们为什么这样偏爱"引导"？另外你能告诉我"真相时代"是何时吗？说过多次，反正相对于当年的媒体生态，我还是更喜欢今天的哪怕纷乱喧嚣。为什么群众会搞不清事实呢？不是说"群众的眼睛是雪亮"的吗？搞不清事实，更要往舆论场输入事实，增加信息的流通，而不是相反。

同学问：写新闻评论前或者正在写时会搜集一些资料，在有自己观

线上答疑：新环境下教法探索

点的时候如何保持自己观点的独立性呢（因为虽然这是自己的观点，但很难做到独一无二，所以在写的时候难免会被一些资料束缚或者说很可能复述太多资料中的内容，这里的界限该怎么去把握呢）？

答：你这就把写评论当成应试的命题作文了。资料是素材，是事实，是论据。观点则拿以上种种，触及自己固有的基本价值。搜集资料是你有真实想法、有写作冲动的时候，再去做的功课。

同学问：在写一篇新闻评论时，如果我本人带有立场偏向（比如新闻报道中涉及的人物是我所推崇的），该怎样把握分寸才不会让评论过于情绪外露而失去受众对我的基本信任？

答：新闻评论是主观文体，如果你只是独立撰稿人，有立场偏向没问题。至于情绪，如果是谋求评论版面的发表当然要克制，新闻文体毕竟不同于杂文的冷嘲热讽。

同学问：在对一些新闻事件做评论的时候，总是会担心读者是否会反对我的观点，这种顾虑甚至会使我自己改变一些原有的看法，表达更加圆滑。对比一些大V的评论，我发现自己缺少独立的个人观点，当然也不否认他有"粉丝"基体的存在而让他有更多的信心大胆地写出自己的想法。那么我们这种刚开始在平台上发表新闻评论的媒体人该如何掌握自己发言的度呢？

答：沉默的螺旋，不就是假定人在发言时会忌惮不利于己的意见气候嘛。你是以新闻工作者的身份发表观点，又不是邻里之间串闲话，还要学这个世故和圆滑吗？当然对于可能激怒盲动人士的表达，你还是要拿捏下的。吾乡民谚：怕他不惹他，惹他不怕他。

同学问：想要有发言的冲动是不是就是在平时看到一篇新闻报道时就培养自己表达观点的能力，那我如何判断我的观点是好的？

答："培养"一词不准确。食欲好是不是一看到食物就饿？食欲是一个正常人的生物本能。窃以为一个打算选择媒体工作作为职业的大学生,具有发言的冲动是不言而喻的。好观点就是有信息量的原创观点。

同学问:在一些意外事故的社会热点事件中,我们有时看到记者追着受害人及其家属进行采访的身影,记者以为大众还原事情真相为目的,却一次次撕开被害者及其家属的伤口。这种采访是否有必要?

答:这个问题,在新闻采访的基本伦理之内。你可以去查教科书。

同学问:随着互联网的发展,人们可以通过多种媒体和平台了解身边的事情和新闻,这些消息甚至比传统媒体报道得更快更详细,这样会不会弱化了传统媒体的把关人的角色?

答:会。但前面说过,互联网固然无远弗届,但服务器运转和内容发布的资格,肯定属于一个行政管理区域。所以"把关人"的责任并未消失。而且新媒体平台也有责任,也会顾忌运营资格。

同学问:网络的相关管理条例颁布后,有作家说:怀念一个针砭时弊、畅快写作的黄金时代。那么您认为现在这个形式多样、高速发展的同时被进一步收束的网络生态环境对新闻评论者来说是"好"时代还是"坏"时代?

答:这是一个好问题,这是一个坏问题。首先,我们姑且不去褒贬已经颁布的法规。其次我觉得,两个舆论场有一定的紧张关系,也未必总是坏事。作家难道都是选择时代写作吗?紧张关系意味着存在现实矛盾,赋予思考者发言道义,而且没准还刺激表达冲动。

同学问:您课上曾经提到一点,未被接受的常识也需要一再重复。我个人觉得很多常识不被接受的原因,一方面是因为传播手段的局限,很多东西不能被大众看到,另一方面是部分公众对其关注度、参与度不高,或者说是不关心。老师觉得呢?

答:传播行为是个链条,你说的问题也未必是传播渠道和受众的关系。

线上答疑： 新环境下教法探索

同学问：新闻评论是观点的输出。有时我们的观点与大多数人的观点不同,可能招致一些人的指责甚至网络暴力。请问老师对这种现象怎么看待？

答：见前。而且总体而言,我不蔑视大众的智力。

《评论》课后答疑9：
想到她们曾经裹脚

同学问：请问过分的平权运动应该怎么去修正？

答：这个问题的起点，我不完全同意。我可能会原谅——尽管我不主张……纠偏过程中的一点点的"过分"。既然平权是平权"运动"，有点旗帜招展可以理解。好比想到她们曾经被裹脚，听她们几句骂娘也忍了吧。

同学问：云南一女子遭男友及其男性朋友掌掴后跳楼致骨折，有网友认为事件中的4名当事人在事发过程中，主观上均无犯罪的故意和过失，客观上4人的行为和女子跳楼致伤的结果没有刑法上的因果关系，没有犯罪事实，不符合立案条件。而在之前的一个事件中，一男子求爱不成当面跳江身亡，女方被判决赔偿原告各项损伤七万余元。请问老师怎样看待这样的差别？

答：法律上的争议，我不能轻易置喙，除非提前做足功课。前一个例子，常情推断，男友必有责任。"掌掴"还需要"故意"吗？即使没有犯罪事实（我不确定），也有违法嫌疑。需要争议的，是裁决的量度吧。后一个，请原谅我先已失笑（这不对），我真不觉得女方有责任。

同学问：我想请问老师，比如一个人只是正常地为女性发声、为女性争取应有的合理对待，却在微博上被批评，这个现象让我有些不解，您怎么看？

答：平常心对待。有观点交锋是好事。我从不矫情。鉴于显然倾斜的历史和现实，目前我就做女性的好朋友。朋友 Y 君更极端，她认为男人是进化不全的产物，我尽量抵制自己这样想……尽管个人经验里，往往女性确实更坚毅勇敢。

同学问：记者采访时的提问会让某些专家认为幼稚，但是记者、媒体作为信息沟通的桥梁，需要满足公众的一些关切，老师怎么看待这种事件？

答：记者的采访规范，有行内成熟的共识。对于采访对象和采访主题，当然要做功课，确实不能问幼稚问题。记者与采访对象人格平等，但有义务争取后者的好感。专家当然也不是都讨喜，然而从契约关系上看，是你的媒体需要人家。

同学问：记者遇到突发性危及他人生命的情况时，应该是先救人还是先记录事实？在我看来，在无力改变事实条件的情况下，呈现真实情况，并不违反道德伦理。想问问老师的看法？

答：这个问题，我写过专文。推荐你看《我们曾经是战士》，会明白那是经常性的两难。我一般会采用"功利主义"（哲学意义上的）的做法，即看不同个案情况下哪个意义更大。

同学问：我发现在某一件重要新闻引起社会广泛关注后，之后的一小段时间里面总能收到推送的类似新闻。我认为其中不免有虚假新闻是来蹭热度和流量的，面对这样的情况，老师怎么看？

答：媒体的商业属性，自然让它有难以遏制的趋利冲动。互联网因为有了包括大数据在内的新技术，又等于提供了更多的流量手段。

同学问：对于近年来许多新闻频频发生反转，让人猝不及防。新媒体时代的新闻反转究竟是一种不良现象还是传播趋势？

答:反转也可以解读为纠错。如果采写主体有业务失范,问责就是。

同学问:评论是否也可以出现前后观点反转？如果观点反转是否会使公众不信任？如何避免这种情况的发生？

答:评论随新闻反转的不是基本的判断逻辑,而是同一逻辑下因为事实变量而发生的联动。只要信源权威,逻辑成立,不用担心会透支信用。

同学问:很多网友浏览较长的新闻评论时可能只看标题、文章开头或者选择性地看,这样容易造成对原文表达意思的曲解,作为内容生产者,有什么可以做的？

答:互联网的海量信息,的确分散了公众的注意力。作为内容生产者,只能提高业务能力——不仅是内容,还包括常说的自带流量能力。

同学问:现在有些新闻热点事件会有不断反转的现象,真实的情况似乎需要一个过程才能完全展现出来。那这是否意味着我们基于这一事件的观点、评论,也需要一个"等待期"？此外,我们如何对新闻的真实性做出判断？

答:新闻,只要有权威信源、有基本面貌,就可以评论。新闻进展,评论进展;新闻反转,评论反转。

同学问:带有渲染情感意味的摆拍式新闻摄影是否可以被容忍？
答:不能。

同学问:如今对重大社会事件进行深度报道的媒体集中于网络平台,但数量不如从前,以往作为新闻评论深度报道主力军的电视栏目也逐渐没落,排除人们对媒介的偏好,您认为这是新闻传媒的一种没落吗？

答:电台的出现,也并没有让报纸消失。互联网当然会分走一部分电视的受众,但电视栏目的没落还有其他原因。

线上答疑： 新环境下教法探索

同学问：在网上看到这样一段话，"原来我也觉得'快手'短视频内容低俗、质量不高，可时间长了后发现在那里能看到真实的、鲜活的、生动的人和故事"。都说下个风口在下沉市场，什么是下沉？是精英阶层没注意到的波涛滚滚的群众力量吗？

答：我希望看到的文艺生态，是相声与歌剧并行不悖。俗也有俗得接地气，雅也可以雅得理直气壮。反正我写东西的时候，会避免使用歧视性语言，或者哪怕仅仅是可能产生歧义。但另一方面，"下沉"也反映了普通民众真实的生活挑战与安全焦虑。

《评论》课后答疑 10：
群众这个词

同学问：近期一女生威胁将视频发到外网的行为引起争论，这个女生被爆出是某校学生，从我们某校学生的立场来看，在评论时应该注意些什么呢？

答：我不教思政课、不做行政，不给这个方面的建议。评论时应该注意什么，我说说我自己吧。谁都不是石头缝里蹦出来的。所以无论服务的单位，或者出生的故土，平日里都会谨慎开口。既然人们为尊者讳、为长者讳，我想应该理解我对于学校的感情吧。具体到你说的案例，我没看到当事者原话，无法做出肯定的判断。能肯定的只是，不要忽略复杂的时代背景，仅用空泛的宣教套话作为衡量尺度。何况我看到的分明只是个体，没看到跟该生毕业学校的本质关联。好比我现在互联网发言，不需要安徽老家承担文责。

同学问：以前段时间的某药物事件为例，某报作为蓝V官方媒体为了稳定群众情绪而发布的"某药物抑制新效果"文章确实煽动了情绪，导致该药制品售罄，这也是后续反转闹剧的起因，但是大家因为面对未知病难而追寻焦虑的盲目行为也确实体现了不少健康素养问题。最后的官方澄清，作为普通群众，我们无法提前知情。那么在第一篇"某药物抑制新效果"的新闻报道后，作为医药界外行人的我们该如何把握尺度，避免真正的事实出现之后，我们的评论不至成为闹剧的笑点？

答:我现在不确定,传统医学议题仍能作为合适课堂的讨论话题。笼统回答下吧——还是靠常识和逻辑。不是只有科学家,才能甄别诸如王林、张悟本之流的巫医;也不是只有医学博士,才能看清绿豆和熊胆是否药用价值(耐人寻味的是,确实有医学博士相信这个)。我注意到你们特别喜欢用"人民"和"群众"这类我小时候习以为常的词。我现在的书写习惯,更偏爱"受众""公众"。

同学问:我们目前处于"后真相时代",那么新闻评论者应该怎么样保证评论的及时性,又不会因为"后真相"而闹出笑话贻笑大方呢?

答:哈哈。又见"后真相"。历史上哪一段是你们怀念的真相时代?互联网让我们更远离真相了吗?互联网上的反转也可以理解为迅速纠错。关于评论的即时性,我回答了很多遍了:采信权威信源。新闻反转,评论反转。

同学问:互联网原本是给人随意"开麦"的平台,如今却发展成只要看谁不顺眼就恶意举报,如何看待这种行为,把关标准是否也有待考量?

答:我却不认为是互联网的原因,因过去也可以有"人民来信"。而且我也不认为互联网一定是"随意开麦":任何一个平台都属于一个企业主体,都受一个行政机构的审核把关。至于标准,我们没谁生活在言论场之外,你应该自己有观察结果了吧。

同学问:廖记者作为"体制内"的新闻作者写了很多违背"事实"的稿子,为某地"洗白",事后还大谈感动,这样的"符合体制需求"的文章,该怎么取舍呢?

答:我说过我没有"洁癖"。我也在体制内吃饭。我不谈记者个人,只泛论下……吃饭吧。吃饭事大,吃饭的权利是应该被尊重的,但确实要顾及吃相,就看你怎么端碗。网友反感的未必是职业行为,而是具体看态度:比如是沉痛自省抑或骄矜自得?具体到你说的案例,我觉得可以读解为两个舆论场的抵牾。你选择体制,你接受体制的奖赏,你承受坊间的压力——你作为成年人应该料到这个结局。

同学问:现在的网络受众很明显是年轻人居多,很多引起网络轰动的事件大多都和年轻人有关,网络的发展迅速,那么评论是不是也要跟上新一代年轻人的步伐?做当代年轻人的功课?或者说评论是新媒体的时代下为年轻人衍生的附属品吗?

答:哈哈。年轻人真骄傲。何出此言?我老汉不以为然。评论当然不是谁的附属品。评论就是媒体常见、服务大众的新闻文体。笼统的时代背景要顾及。但一般就是考虑目标受众。比如你给现代快报写还是经济观察报写之类。

同学问:新闻评论作者的价值立场是否就是新闻评论的目的?为了达到各方妥协,意味着需要目标主体认同理解我们的观点并被说服?

答:念了好几遍……如果没理解错,新闻评论可以理解为说服过程,以逻辑的方式论证观点成立。

同学问:对于一个不够了解的领域,由于媒体的关注点或角度不同,报道的东西往往不够全面客观,缺乏准确性,可能会受到质疑并引起争议,这就要求媒体应该"做好功课",广泛求证,咨询相关专业人士,但是这样做会浪费时间,不能第一时间报道事件。遇到这种情况应该怎么办呢?

答:时效性不是不做功课的借口。

同学问:新闻对于弱势群体的关注如何避免对其造成伤害?

答:关于关注和伤害的界限,这个是有行业共识的。比如我们可以克制细节描写,在尊重隐私的前提下严肃讨论问题,以推动造成的问题得到解决。

同学问:新闻评论在遵循新闻客观性、真实性原则下,可以进行适当的感情渲染，那么是否有些渲染会加深读者的负面情绪，进而把新闻评论中对象的不当行为扩大至整个群体，对这个群体产生不好的印象呢？比如一些新闻评论会大肆批判个别医生的背德行为，有些读者就会相应将这种背德行为的印象代入到整个医生群体，导致信任危机。媒体在评论负面人物事件时，如何在既批判其错误的情况下，又能让读者不会加深对整个群体的负面印象呢？

答：每个发言者对自己的严谨性负责。新闻的把关，就包括阻隔群体歧视在内的错误表达。

同学问：老师上课时提到，在写评论时不是简单的情感抒发，而是要利用自己的专业背景知识以及通过做功课给读者带来信息增量，那么当我们遇到较生疏的、专业性较强的话题，比如财经、科技、法律方面的话题时，我们如何才能快速有效地做功课并且有效输出呢？

答：如果非得回答的话，就是恶补啊。你若是读者，你会选择阅读专业生疏的作者的文章吗？总编也不会找这样的评论员。

同学问：有时媒体评论编辑为了使评论版面更为吸引人，邀请持不同观点的评论者针锋相对地对一个问题发表意见，如果找不到这样的人，编辑自己充当，这样是不是不正当的？

答：如果编辑发表的观点不是自己的真实观点，我确实觉得有违新闻伦理。

《评论》课后答疑 11：
走出供销社

同学问：最近有一首个人认为不是很好的音乐作品流行开来，我不解这样的作品为什么会有市场？我们能否抵制呢？

答：歌曲不管好不好，相比你说的抵制，我更看重选择。比如有趣味的文艺作品，是否有同样的生存空间。

同学问：专家评论在新闻评论文章中的数量占比越来越高，并且在社交平台上越来越比主流媒体的文章更吸引读者，甚至是"洗脑"式的。我们该如何应对越来越流行的专家评论并坚持自我立场呢？

答："洗脑"一般取决于两个条件，并且因果循环：第一，单一媒体接触；第二，受众放弃思考。所以问题不在于是否是所谓的专家评论。谁更希望舆论场整齐划一？有时候，我们自以为坚持的自我其实是幻象。如果在（社会主义）市场经济的今天，还有人执念于供销社的限量供应或者公社食堂的大锅煮饭，当然我也毫不奇怪……说不定，这本身就是供销社和食堂哺育的结果。最后，当你担心专家评论越来越多的时候，我恰好担心的是专家评论越来越少——微博意见领袖的流失不是有目共睹的吗？对了。我知道专家现在有时候是一个贬义词，用以指代某类空洞的宏大叙事者，但我还是坚持认为，公是知的题中之义。没有公的知，就是认字匠。

线上答疑： 新环境下教法探索

同学问：现在网络上经常出现"控评"的现象，对于某一事件可能会出现站在同一立场的人的大量评论，导致我们难以看到人们对这一事件的真正观点，并且这种舆论一边倒的假象可能会影响到其他人对这一事件的看法，怎么看待这种现象呢？

答：你识别"水军"，就是一种有意义的消解。然后你在舆论场释放了这个信息，就有助于其他人拆穿画皮。

同学问：在微博经常有一种现象：有些人在新的话题下不断地重复近期发生的重大事件（负面居多），以防受众被转移视线。我们该怎么看待这种情况？这种情况的出现是受众的忘性大还是媒体在危机持续期刻意地进行引导？

答：这个问题背后的问题更多。我的意思是，提问透露的背景问题更多。好吧。尝试回答：重复重大事件话题的人，但愿不被标签"一小撮"。毕竟，还有更多的人，在进行相反方面努力——"忘性大"很可能就是后者参与努力的结果。苏格拉底说要做社会的牛虻，鲁迅说"仅使留下淡红的血色和微漠的悲哀"，都是在重复提醒。

同学问：《中青报》发文呼吁"停止妖魔化外国医疗行为"遭到质疑：当我们需要正规全面详细的报道时，权威媒体并没有负起责任，做得并不到位；而群众依旧需要了解世界，因此将目光转向自媒体，自媒体因此才抢占舆论高地。所谓的信息不对称，一部分原因是权威媒体的失职造成的。怎样看待这种现象？

答：你有想过为什么你们总是不自觉地把受众称为"群众"吗？权威媒体的权威地位，是靠市场汰沙的还是被直接赋予的？

同学问：对于我国一些公共卫生管理方面的举措，国外不乏阴阳怪气的声音，有些西方媒体甚至趁机妖魔化中国，在而今世界的整体形势下，国内某些自媒体和营销号对外国的公共卫生管理举措也进行截取矮化，并认为这是舆论场上的"反击"，该如何看待这种行为呢？

答:别担心西方媒体。说不定另外一些西方媒体会反驳它,它们不是一个老板,即使是一个公司旗下的媒体,总编也未必总是听话。它们不同媒体之间的互掐,并不是稀罕事。而且,你也可以像西方人一样骂西方媒体。我们常常把他们一个主持人的批评,当成是整个国家的敌意,那是没必要的。至于我们这边,既然你认为反击可能是营销的动员手段,就没什么好多说。总之,凡以新闻面目出现的文章,就看它是否违背新闻伦理。

同学问:在写新闻评论的时候要不要考虑受众的认知水平和阶层,如何把握其中的尺度?

答:除非忽略效果,任何的传播行为都需要顾及受众。但很显然,我们没有可能取悦所有人。如果你的评论写作服务一个媒体,那么媒体决定受众定位;如果你是自由撰稿人,那么如何写作取决于你自己的意愿。

同学问:老师您认为新闻评论的本质是呈现问题还是解决问题?是对现实事件当前的剖析还是对现实事件未来走向的指导?

答:我认为新闻评论是以引发评论的新闻由头为起点,提供并论证相关方向上的原创观点。所以它应该可以包括你所说的呈现问题和解决问题。它可以剖析现实,也能提供前瞻性的建议。

同学问:我认为新闻工作者需要对各行各业都有一些了解,这也是提高对新闻事件敏感度的一个重要因素。对于我们大学生来说,平时有什么好的方法来提升这方面的能力吗?

答:有点类似于阅读中的泛读和精读的关系。平时要保持对世界的好奇心,保持对弱势群体的悲悯,有新闻理想,有人文情怀……然后就是各种探索求知呗。

同学问:老师提到了有关"新闻饥饿"的问题,我想问老师对于一件被评论太多次的事件会不会失去再去写点什么的兴趣?

线上答疑： 新环境下教法探索

答:"新闻饥饿",应该不是我的原话。我的意思是,鉴于时代的焦虑主题,舆论场上公众对某类新闻会有阅读诉求。新闻饱和有什么办法?很多问题是真问题,它对应真矛盾。我早对疫情信息饱和了,但我们能装着没有新冠病毒吗?一个朋友说:其实每天都提醒自己少说,但这个社会实验所唤起的东西太多了,如骨在喉。

同学问:一个时代有一个时代的文明,如何评判与当时价值观背景相符而与现代价值观相违背的旧闻?

答:当然是拿今天的标准回溯。比如我们现在看纳妾制度、裹脚习俗。很多时候"不要脱离历史条件看问题"是诡辩论。不是说同一历史时空里不能有选择。比如即使在蛮荒时期,也有人性的光芒在举报和抄家浪潮中。

同学问:在信息碎片化时代,篇幅较长的新闻评论较难让大众看到,那么在写新闻评论的时候是否也要作出相应的调整,例如缩短篇幅,从而能让更多的人看到你的评论?

答:看打算刊载的媒体。比如面对市民的都市报可能跟面对知识阶层的媒体不同。另外也有人觉得,互联网因为鼓励碎片化阅读而倾向短评。我个人的观点是,评论总体是讲究表达效率的文体,因此克制规模是对的。但也看情况。

同学问:老师上次提到"有些议题是自带流量的,比如化工业、城管",对于这些已经形成了"刻板成见"的问题,新闻评论者在表达观点的时候措辞应该注意些什么?

答:符合专业主义和新闻伦理。符合媒介环境学的"道德偏倚"。

同学问:对于某些引起社会广泛关注的热点事件,在进行采访的过程中可能会导致某些个体受到二次伤害(往往是心理上的伤痛),根据上次您说的功利主义的做法,对事件的报道引起社会广泛关注或许更有意义,但对于这些受到伤害的个体,其中心理的二次伤害是记者为了让事件得到社会的关注强加给他们的,将意义建立在揭别人伤疤的基础上,我会觉得有些残忍,这样的两难该怎么办呢?

答:艾尔·巴比的名著《社会研究方法》里,提及调查研究的基本伦理时,细致到指出不能无意启发采访对象的信仰怀疑。我课堂上说的所谓的功利主义,与其说是功利主义,不如说是效益主义更直观更无歧义,而且不是没有适用的边界的。比如,我不赞成为了所谓的正当目的说谎,也不赞成为所谓的诚实向敌人招供。换算得失只是我们权衡两难时的工具之一。

同学问:新闻评论作者为了证明自己的观点,有时候会运用一些专业性的名词来让文章看起来更为精辟独到,读者在阅读了这些文章后知道了这些名词就会开始模仿,但由于没有真正的理解,运用的技巧以及场合都很模糊,导致该名词的真正意思被人们忽略。如何看待这一现象?

答:评论是有写作门槛的文体,就包括使用理论工具——当然也包括专业名词。这不是坏事。而且随着大众认知水平的提高,它们也会进入日常语汇。比如几十年前,谁知道什么是B超和CT?谁知道什么是转基因,什么是GDP?模仿又有什么要紧的?好的词句总会大浪淘沙、约定俗成。至于有人没理解,跟最初的写作者有什么关系?当然写作者有义务顾及目标读者是肯定的。事实上,我们一直有热心科普的人。

同学问:在对事件中有人员伤亡的新闻进行评论时,若因对受害者的同理心导致文章带有感性色彩和情感倾向,这篇文章是否也不算是一篇规范的新闻评论?

答:当然可以。我本人警惕不着边际的感慨抒情,或者流于浅表的鸡汤叙事,但并不排斥深刻观点下的悲悯情怀,也不反对克制的私语化表达。

线上答疑： 新环境下教法探索

同学问：如何看待个体的负面事件导致的群体偏见，这种现象是否合理？

答：群体偏见很容易发生，比如地域议题。这当然是不正确的。从另一方面说，集体的归属感，既是天然情感，又是被刻意宣教的结果，所以网友有这样的联想并不奇怪。

同学问：影响力大的明星参与公共议题是好事吗？

答：我认为，影响力越大，责任越大。明星要获得更多的尊重，就应该主动承担道义，而不仅仅是公关本质的慈善。我们不"绑架"他们，但他们应该有自觉。

《评论》课后答疑 12：
社会实验的骨牌

同学问：归谬法应该如何应用于新闻评论中？比如想要反驳某一观点，可以从哪些角度去反驳？怎样使得这个论证的逻辑更加严密、有说服力？

答：归谬法作为典型的反证方法，我个人的经验，在新闻评论写作中，它只是作为加强论证效果的组合拳使用。特别是，当希望放大错误观点的荒诞性，并且增加反驳文章的感染力时。好莱坞电影中经常有那样的场景：一个战士在执行任务前祈求上帝，让他能杀死对手而自己安然无恙。然后就有战友漫不经心地问：如果你的对手也同样做呢？潜在的思考线索就是：假如战士祈祷是有用的，那照此逻辑，对手的祈祷也是有用的；既然两个结果不可能同时出现，则祈祷就是无用的。这就比讨论信仰本身省力多了。当然也不可能指望归谬法一劳永逸。因为你的这个假定，可能在推导中产生新的争议。比如上述案例中第一个战士可能会认为，我比对手更虔诚更具正义性，反正是偷换概念或者引入其他干扰要件。总之，反驳一个观点，就是要找各种可能的逻辑漏洞。任何一种论证方法都不是万能的。

同学问：与新闻报道标题相比，新闻评论标题有什么特征？

答：标题都是为了吸引读者阅读和提示内容的。从这个意义上说，我觉得评论的标题就是要让读者知道这是评论——可能有人会认为这是大白话。可毕竟新闻评论标题制作有很长的演变过程，而且有不同的审美倾向,无法一概而论。笼统地说,就是新闻报道只需要重点提示事实,新闻评论还可以提示观点。

同学问:对于一些细碎的、大众关注度低的社会问题,新闻评论是否有价值呢?作为创作者,自然是希望自己的作品能被更多的人知道,没有人关注是否对创作者来说也是一个打击?

答:"细碎"不是个严谨的衡量指标。应该是看潜在的新闻价值,比如重要性、典型性、可能的社会风险、公众利益的关切性,等等。有时候恰好是因为关注热度不高,才有呼吁提醒的意义。至于传播效果,这确实是个难题。我自己不是一个成功的发言者。反正一般说来,还是从传播过程中的各个环节去考量,比如侦测目标受众的接触偏好,提高表达技巧,等等。

同学问:新闻应该仅客观理智地传达事实,还是应通过发表观点起到一定的正确舆论导向作用呢?

答:新闻报道和新闻评论都是新闻文体,它们分别侧重传达事实和发表观点。我一再强调媒体的"服务"与"自治",而诸位一再纠缠"导向"和"正确"。新闻媒体作为某种社会公器,窃以为跟受众的关系不应该是那样的。

同学问:一篇新闻评论是该只针对事件背后各项成因或者各主体可能的解决方案着重展开,还是可以两者都兼顾?如果是后者,提供的信息增量会不会太大?

答:可以兼顾。但千字文的体量,一般要围绕一个主题。也有某种并列式的情况,不过通常提炼到上源,还是指向一个抽象出来的东西。

同学问:新闻事件有时会出现反转,但在反转之前,新闻评论一定程度上会引导舆论,让人们相信"错误的事实",当反转之后的真相摆在人们面前时,很多人就不相信了(比如在微博上我们可以看到很多"造谣一张嘴,辟谣跑断腿且没人听"的现象),这对当事人会造成很大的舆论伤害。那么媒体尤其是主流媒体,进行新闻评论时该如何避免"因评论错误事实而对当事人的舆论伤害"呢?

答:这个问题,我回答过很多次:多信源,以错综信息来相互纠偏啊。也就是说,一个明显的错误的事实,是不可能靠一家媒体来误导受众的——除非你假定受众也是没有思考能力的。在一个成熟的媒体生态里,如果各个专业水准高的媒体,在那个时间段对事实描述大体一致,就可以作为新闻评论的由头。还有,如果你是新闻或者评论写手,也不要老想着"引导"别人呀,你应该是内容提供商。

同学问:您是否赞同"若批评不自由,则赞美无意义"?
答:哈哈。我赞成。而且我们一直也是如此做的。几十年前,我们就提倡批评与自我批评、百花齐放百家争鸣。

同学问:谣言为什么似乎比真相更易传播?媒体对谣言除了辟谣还能做什么吗?
答:推荐你去看法国人让·诺埃尔·卡普费雷的《谣言:世界最古老的传媒》。

同学问:当受到规则的约束时,是应该牺牲自己成全规则,还是尝试打破规则成全自己呢?
答:世界的规则,一般说来是个人好恶的公约数,作为个体当然要给予一定的尊重。但世界的规则,也未必总是合理的。社会的进步,也取决于个别人的立异标新。所以确实看情况。我还是举裹脚布的例子吧,第一个扔掉裹脚布的女子可能就是打破了规则。如果非得要说个判断该不该的标准,那就看成全自己是否需要牺牲别人吧。

同学问:上节课说到当面临救人还是记录事实的两难境地时要做出"功利主义"的判断,但如果这样而不被大众理解呢?《饥饿的苏丹》的作者最终选择了自杀,他是否后悔当初的选择判断?面对新闻事件,记者到底应该扮演什么样的角色?

线上答疑： 新环境下教法探索

答:首先,大多数记者,在大多数时间内,并不难做到符合公义的选择。我们只在少数极端情况下,才会出现两难,并且艰难选择后受到较大争议。《饥饿的苏丹》不仅是记者的选择,他也因为某种机缘被命运选择。这没办法。你是成年人,你只能选择,并且你只能承担后果。我当然不赞成自杀,但是我理解一个敏感的心灵,可能会受到良心的咬啮。我推荐的电影《战略特勤组》里,实际上就有两个角色做了截然相反的选择。也许我们对于类似的问题应该提前思考,提前争论以达成大体的共识——这并非完全没有可能,就像对于堕胎、同性恋曾经引起的撕裂,以及目前大体形成的共识。

《评论》课后答疑 13：
最多算信息半透膜

同学问：新闻评论是对于事实的判断还是价值的判断，我们的"判断"可以两者兼有吗？这两种判断的论证方式分别有什么不同吗？对事实的判断是需要客观公正的，但我们个人对于某一事件可能存在某种偏见是否有方法可以避免这种风险？

答：新闻评论的中心观点，可能是一个判断，但我们不因此说，"新闻评论是对于事实的判断"，它当然既可以是对于事实的判断，也可以是对于价值的判断啊！而且——我们还可以使用事实判断和价值判断，来进行……无论什么判断啊！

同学问：新闻评论应该专注从某一个角度分析还是综合分析？

答：我没觉得有定律。千字文可以专注一个议题。但至于切入和论证角度，你只要觉得有效就可用。

同学问：您认为作为新闻专业的学生，在积累新闻评论素材时，是专注于某一方面比较好还是各方面都涉猎比较好？如果是前者，那我们与其他专业的学生相比，会不会缺乏竞争力？

答：按照这个逻辑，化工业的新闻媒体，最好招化工系的学生；法治类的新闻媒体则只能招法律系的学生。这当然也是可以的，但不意味着从此取消新闻系。我们终究在大众媒体而非专业媒体做传播，有些其他专业的知识可以通过调研来获取。我前面建议你们在自己的专业基础上,结合其他兴趣和专长大体有个偏重方向。比如假若总编非让报道经济新闻,我宁愿改行。但我并不是非得转系教育和文学,才能去写文教方面的评论。我觉得我以新闻专业的学历背景,可以胜任。

同学问:想请问老师,在针对一些社会难点问题写评论时一定需要给出一些建议与对策吗?如果自身社会阅历并不丰富怎样能够避免自己的建议太空泛或是陈旧呢?

答:假如没有观点一定要写评论吗?我的意思是,未必给出建议和对策——可以是针砭或者甄别,但确实一定要有高于读者认知的信息量。

同学问:现在很多媒体平台都会根据对用户喜好的分析有选择地推送信息,对于这种情况,老师认为是利大于弊还是弊大于利呢?

答:你可以选择你祖父辈的信息环境,来对照研究。哪怕仅凭常识想一下,在我们所能接受的信息方面,互联网让情况更糟糕了吗?它无非是没有达到媒体乌托邦。或者,它带来信息丰富的同时也不可避免地产生副作用。你的意思大概指所谓"信息茧房"?我觉得那个说法危言耸听。你在信息平台上多选择几个不同兴趣就是了。这跟你只能接受过滤的内容,是完全不同的。信息茧房最多算信息半透膜,你们比我当年幸运多了。

同学问:如今互联网自媒体平台众多,新闻事件发生后,大众第一时间获得消息的渠道经常来自自媒体。面对这种情况,传统媒体该如何提升优势和专业能力?

答:面对手机的步步紧逼,BP机应该怎么样提升优势?此外,只要是竞争充分的市场环境,你不用担心传统媒体必须要提升自己的优势。比如电台,它显然还具有互联网时代的生存理由。现在媒介融合下的困境,不止是业务层面的问题。

同学问：现在的很多媒体人，不是实现新闻理想，而是成了激化矛盾和煽动垃圾情绪的制造机。现在的人都很浮躁，往往还是被那些媒体的夸张标题吸引，一些客观公正的自媒体没流量，不能吸引大众讨论。所谓的新闻理想在利益面前，他们可能还是会去选择利益。如果以后想做自媒体的话应该如何抉择？

答：个人观点供你参考：很多矛盾现实存在，比如医疗、养老等等甚至接近起爆点。浮躁和焦虑源自真实痛点，并不仅仅是网民修养不够，也难以归因于媒体"煽动"。新闻理想的症结多半不在你说的方面。看过大字报的人，对"煽动"这类词非常敏感，至少我自己慎重用它指责同胞。除非是在秩序井然的农场，我们甚至不需要那样的"干净"。而且利益也不丢人，只要利益没有覆盖伦理。总体而言，我们的媒介土壤里市场动力还不够。如果以后想做自媒体……我觉得这个阶段还是多看书吧。

同学问：请问老师怎么看待发声的义务和不发声的权利？

答：不为同胞发声，就别为自己抱怨。很多人，麻木于同胞的不幸，然后等到自己倒霉时，又要裹挟所有人一起呐喊……这是不公平的。

同学问：如今的网络让我们并不需要刻意去寻找新闻，只要打开社交媒体就能看到大量的新闻。互联网社交媒体使得发声更为便利，但同时一些未经深思熟虑的片面的评论也大量存在；而社交平台也使用户的分群性愈加明显，用户更加倾向与同自己拥有同一立场的人的交流。如果我们选择不关注，或者选择沉默不发声，可能会被认为冷漠；但我们真的需要了解数量众多的新闻，并都发表自己的见解吗？

答：重要议题要关注和发声。不仅因为你是读者，更因为你还是新闻产业的后备军。但也并非要一刻不停。一个人不丧失基本的公共情怀，并不是说，因为非洲还有饥民，我们就不能享受自己的周末烧烤。

线上答疑： 新环境下教法探索

同学问：老师对网络平台评论实行实名制赞同吗？实名制的利弊是什么？

答：我认同网民要为自己的言行负责。假如实名制只为管理方便而且伤害互联网精神，我肯定不赞成。一个社会的法治水平，并不取决于这个。

同学问：如何评价一些可能持有不同立场的媒体/公众人物选择两面讨好？暴露了之后不是两面都不得好吗？

答：那肯定。其实这也不怕。怕就怕，暴露以后，它（他）不以为耻，不以为意。

《评论》课后答疑 14：
什么是"我们"

同学问：前段时间有人找出十年前一些明星发的微博，那时候他们都很敢于说出自己的想法。如今明星偶像都是现在很多年轻人精神支柱，不反对追星，而是如今很多明星偶像面对重大事件不发声甚至默许纵容。例如韩国娱乐业事件是近段时间韩国的一重大刑事案件，而韩国是偶像市场较发达的市场，就有一些明星站出来发声。那么怎么看待当今我国偶像失声的现象？

答：我也想问下，偶像群体是一个特例吗？比如知识分子呢？如果是特例，就具体研究个案；如果是现象，就得移焦共同的时代气候了。

同学问：有些国家的"净网"措施一方面显得一刀切，如脖子以下不能描述；但另一方面，韩国的娱乐业事件也让很多人更加理解和重视网络治理的存在。想请教一下老师对于他们目前这种稍显矫枉过正的网络治理的看法。

答：你自己确定了答案，不像是在征求意见。

同学问：是否应该公布韩国娱乐业事件中被逮捕的主罪犯的信息？那相关的参与该事件的 26 万用户的身份也应该公诸于世吗？

答：强迫症患者先咬文嚼字。"诸"就是"之于"，所以一般不说"诸于"。这个问题不如你去做做功课。反正对一个人惩戒，要跟他的错误匹配。这无论在法律规定还是在新闻道德上，都不是一个难题。我们也可以进行类比。例如我坚决反对"游街小姐"——无论这样的惩戒还是新闻，但却支持打击儿童色情的组织者和销售者。至于26万用户……我最多只能宽容他们到成人电影。你看过尼古拉斯·凯奇的《8毫米》吗？

同学问：老师怎么看待韩国青瓦台请愿这件事，比如韩国这几天的娱乐业事件，以及之前因具荷拉事件而请愿，虽然说请愿就意味着社会上有恶劣的事件发生，但是这确确实实是存在于韩国社会的发声途径。

答：我们的宪法第35条也有相关规定。

同学问：想听听老师对韩国娱乐业事件的看法。

答：我没有细看新闻。对儿童色情，应该有举世共识吧？我不明白，争议点在哪里？

同学问：想知道老师对韩国这个国家的看法。

答：作为国际主义者，我没有任何不符合政治正确的评价。我不相信他们，有不同于其他人类的独特禀赋。文化背景的差异总是小于人性本身。我家住过来中国交流的一个韩国女孩儿，文静友好，没发现跟我女儿有什么差别。

同学问：面对一些争议性很大的新闻时，有些评论作者会选择通过披上"马甲"来表达自己的观点，从而能够保证自己的个人信息不泄露或者不承担责任。那么如何看待这样的做法呢？

答：人必须对自己的言行负责。一方面，ID也有人格归属；另一方面，你的IP是唯一的。严格意义上说，不存在真正隐身的"马甲"。

同学问：3月2日白宫宣布要求中国约60名驻美工作者离职出境，中国近期对美国这一行为进行反制：要求《纽约时报》等五家美国媒体的美籍记者交还记者证。请问老师如何看待双方这种行为？

答：我一直赞成对话、和解。不过必须承认，双方对于新闻、宣传等概念，以及它们所对应的伦理有不同理解。

同学问：最近国外社会问题非常严重，而国内的一些突发状况正逐步得到控制，因此很多留学生想要回国，但由于一些态度傲慢不遵守规则的归国人士的行为，网民开始对留学生回国的选择产生抵触情绪，一些留学生也因为担忧舆论压力选择留在国外。怎样看待这个现象呢？是否现在人们的同理心是有缺失的呢？

答：不需要新发明东西。我们只要凭借现代社会的规则、秩序，以及作为同胞应有的宽容、悲悯就可以抉择了。

同学问：我有两个观点：一是对于国外的问题，我们应该充分发挥人道主义精神，于外籍公民，特别是华裔给予一定的帮助。但是我对于那些已经抛弃中国国籍，患有或疑似患病的公民要回国治疗，给国内的医疗工作带来巨大的压力这件事情又感到非常的不满，可又想到他们也许在国外可能根本得不到相应的监测和治疗，因而回国想要求救。这两个观点令我非常的困惑和矛盾。人道主义精神真的应该要无差别执行吗？

答：陈丹青先生，因为祖父在中国台湾，阴差阳错，自己也拥有过一段那边的身份。甚至我不确定，他现在是否持有美国的居住权。所有这些，都不影响我对他的尊重。我对他的判断，就是他的发言，想想白求恩柯棣华，我不觉得国籍是一个了不得的事情。反过来，有些作家，无论他的家人是不是像网传那样在美国，我都不是他的读者……人道主义精神，应该无差别地执行。

同学问：想了解这两年之后中国经济发展的走势，是趋于平稳还是上升还是下降？

答：我不是经济领域的专家，不能强不知以为知。但可以凭经验断定，你我都要分摊成本的。

线上答疑：新环境下教法探索

同学问：网络知名辩手邱某被网友围攻后为自己辩解，随后《人民日报》就对此发表短评，但没有点名。对此老师怎么看？

答：我小时候就学过"真理越辩越明""人民群众的眼睛是雪亮的""让人说话，天塌不下来"，等等。所以我觉得不要怕给人家辩解的机会……说不定还能借机"教育群众"。

同学问：针对国内以及日本的标语对比，大部分人都把国人的这个情况归结为我国长期的教育方式。从个人经历出发，我所接触的历史书等等只是呈现事实，即使是抗日剧，也并没有引导观众去歧视、仇恨日本普通群众，老师怎么看？

答：我们现在肯定比过去有进步。相比我当时看的脸谱化作品，变化是显而易见的。而且我打赌，你这个问题，如果是在我小时候，可能会给自己带来麻烦。另外，你现在有这样的认知，也说明了你有更宽广的信源……总之还是乐观一点吧，让我们顺着这个进步的方向，努力。

同学问：个别基层政府的管理方式简单，不仅居民买菜不便，许多店铺客源大大减少。而有些老人到未封闭的道路边摆摊卖菜，遭到城管驱逐。如何看待这种现象？

答：新闻暴露的一些问题，牵涉各种权力边界和执法文明。个人自由、社会秩序找到一个平衡点，是完全可能的。我们不是一直说"服务型政府"吗？假如都从这个逻辑起点出发，应该不会经常有这样的追问。

同学问：对于凤凰网和《中国新闻周刊》戳穿某新闻不实的消息，我有一个疑问，即新闻事件报道有反转是很正常的现象，这其中也存在信源不充足的原因，但一些大众对媒体传播的部分错误信息却会指责甚至谩骂其行为为"造谣"，我们应该如何看待这其中的差别呢？

答：恶意造谣和业务疏漏是不同的，虽然两者都要部分付出信誉代价（媒体可以有价值上的倾向，但在从事业务行为的时候，不能因此歪曲事实）。媒体依照行业操守奉行专业主义，即使依然会出错，但凭借纠偏机制和反思意识,再加上受众的取舍、自律和他律等等,真实性问题应该不会成为大的困扰。

同学问:现在很多人通过短视频平台来获取新闻信息,但这些平台的信息往往不够全面。请问在这些平台上投放新闻资讯的利弊如何?

答:不是短视频平台的问题。如果他只看一个新闻节目,结果也一样。

线上答疑：新环境下教法探索

《评论》课后答疑 15：
是难看还是不难看呀

同学问："八卦新闻"除娱乐功能外是否存在新闻价值？我们又该如何看待？

答：人民有权娱乐。但我不希望娱乐八卦遮蔽正事。建议就是，该流行的时候流行，该经典的时候经典；该玩笑的时候玩笑，该正事的时候正事——但愿正事的时候没有强力掣肘。

同学问：一些微博大 V 为帮助某些社会事件发声而受到争议，有人就说他"不理智围观，引导舆论风向"；如果他不帮助发声，又有人说他没有起到大 V 该起的作用。要该怎么看待大 V 和普通网友之间相互牵制的关系？

答：大 V 发声，是承担与影响力匹配的道义责任。但这不意味着他在业务上不需要甄别和把关。

同学问：最近刷抖音经常看到评论区有许多官方号在争取读者，但吃相未必有些难看。在许多事件下评论完就求粉，像极了"灵堂卖片"。虽然从中也可以看出新媒体时代流量的重要性，那么我们作为新闻评论人是否也要为流量做出一定的妥协呢？

答："吃相未必有些难看"，是难看还是不难看呀？首先，流量思维不丢人。现在注意力摊薄，没有流量的即使优质内容，也只能流于自娱自乐。其次,很多人确实吃相未免难看,我就算饿死也不要学他们。

同学问:很多时候对辟谣内容的转发量没有谣言多,即使有些辟谣内容是由官方发布而谣言则是个人账号发布的。于发布平台,于我们个人,采取哪些措施可以帮助辟谣内容的有效传播呢?

答:一般意义的谣言好办,增加信息流动,谣言就会减少。复杂之处在于,有时候,声称减少谣言的主体,恰好是造成信息阻塞的主体。

线上答疑：新环境下教法探索

《评论》课后答疑 16：
洪教头与林教头

同学问：网络传播学课中提到"洗稿"属于侵犯著作权的行为，那么我们在评论时借用新闻报道的度应该是什么？

答：首先，新闻报道，在新闻评论里只是由头，或者事实性的论据。其次，你多半要注明出处。所以，我从未发现，这个问题会成为困扰。

同学问：将抽象事物具体化时，比喻或类比是否能当做一种论证方法？会不会被认为是"偷换概念"？

答：会。类比是常见的论证手法（我没说是一劳永逸的或者最优的）。不过，的确应该换位到读者角度，看看是不是会招致偷移之讥。关于这个问题，我的朋友马少华老师有详细论述，我也转载过多次，你可以去检索。

同学问：众所周知，在互联网时代，信息多且杂，也就是说可供评论的由头有很多，在不同的领域可能都有自己感兴趣的话题，请问在这样的情况下如何找到自己的领域呢（比如有人是写文化评论的、有人是写体育评论的）？如果有了自己的领域，比如有人对反映社会现实（这里指比较消极的一面）很感兴趣，新闻评论也是一直都是这个方向的，那会不会因此而影响自己对于生活的态度呢，长此以往，自己会不会被"框"在里面，让自己的评论变得僵化呢？

答:"自己的领域",第一,肯定要自己喜欢。自己喜欢,就有钻研的动力。第二,要有优势,才能在内容富裕的时代,成为内容稀缺的竞争者。第三,要有买家。你如果写"屠龙评论",到哪里去挣稿费呢?第四,写评论是否会影响生活态度?会。我觉得,可能会让自己变得更"高尚"一点。至于是否会因为针砭时弊——而沾染消极情绪,我想不是必然。否则,负责切除痈疽的大夫,岂不是看不到美好了?如果是我,我会暗示自己:这个世界,因为我的努力,可能向好进展了一点点。

同学问:在对新闻热点的评论文章中,会出现很多金句式、口号式的文字,比如"雪崩的时候,没有一片雪花是无辜的"这句话在很多有关网络暴力事件和公共事件的评论文中都被搬用。同时也有大量将自编的"金句"伪装成名人名言的情况。也有如"奥斯维辛之后,写诗是残忍的"被断章取义地引用的。这样的"金句"在一定程度上确实可以有效地吸引注意力和阅读,但这是否过度刺激了读者的情绪?金句式的文字追求的是普遍正确,而不对特定事件进行阐释,这样套路化的文字泛滥是否反映了写作者的不负责任?

答:金句符合传播学规律,你细想就能找到答案。有些"金句",确实是金句,因为它戳中要害,而且富有口彩。比如,"民贫奸邪生";或者哪怕只是有趣的文字机锋,如"我唯一能确定的就是不能确定"。但有些就是浅薄鸡汤,像你所列的被用滥的伪格言。

同学问:"有理不在声高""清者自清""时间会证明一切"这几句话背后的态度是不是不太适合舆论场呢?不吭声会被认为是心虚,然而过于密集的观点输出有时候也会起到反作用,该如何把握这个度呢?

答:我同意"有理不在声高",辱骂和恐吓绝不是战斗嘛;有条件同意"时间会证明一切",因为"观点的自由市场+自我修整过程"嘛;至于"清者自清",多半算自我麻醉,人家砸开门指着鼻子质问你,是不可能靠"八风吹不动"来打太极的。

线上答疑：新环境下教法探索

《评论》课后答疑 17：
必须假定或谬原则

同学问：新闻评论中，当设置了论点，论据大致可以从哪些方面入手？在形成自己的观点后想要表达论据时却总会觉得词穷，这时候应该从哪些方面去做功课呢？

答：准确说，论据不是"表达"，而是组织。为了捍卫主张，搜集不拘事实还是观点，来支撑你的论证逻辑。做功课当然是从"有用"的角度。也许生活中的例子可以帮助你理解：为了让父母投资你的高端相机，你会找哪些说服素材？同样，为了说服读者接受你的观点呢？

同学问：对于一个新闻事件，每个人或多或少都会在心里有一个大概的观点或者立场，而且人们大多更愿意去寻找和自己相同立场的观点。我们写新闻评论，实际上和我们不同立场的人可能是不能被说服的，甚至会开麦开喷。那新闻评论的意义在哪呢，会不会让人们的观点更加两极化呢？

答：我们必须假定，"或谬原则"被多数人尊重。是的。共鸣总比撕裂更鼓励发言者，但给同道"自我确认"不也有意义吗？何况，也未必不能影响多级传播里的下游读者。再说，有时写评论的意义，在于往舆论场输入应该输入的观点，你甚至不必太考虑具体功用。

同学问：想问老师，逻辑自洽和自圆其说一样吗？在写新闻评论的过程中，又怎么判断自己的思维方式是否仅仅是自以为是的逻辑自洽？

答：对。之所以加上"逻辑"是要强调逻辑。怎样判断是否真的自洽，当然要基于自己的逻辑水平。然后在此基础上，换位读者来推敲审视：看看有无漏洞、是否足够坚实。

同学问：在微博上看到一位头条文章的作者说：逻辑自洽要求将同一逻辑投入N个方面后，每一方面皆可接受，也就是预先承认了整体性，并考虑任一原则的改动，是否会在其他看似不相干的方面出错。而"爽派"就是直觉主义：当下心理体验爽就对，不爽就错。在写评论的时候，我们都会有自己的立场，如何辨别这种立场不是一种"爽派"的立场或者我们的立场设定应不应该是让我们自己爽的立场？

答：一个严肃的写作者，是不可能仅仅凭借直觉写作的。那样作品多半会流于杂文，对有思考力的读者缺少说服力。立场是对于评论目标的价值判断，而你所谓的"爽派"更像写作主张——考察文本很容易辨别的。

同学问：新闻评论的内容是否可以是评论某一个新闻评论？因为有可能自己的观点与某一篇评论的方向大致相同，但是又有延伸的地方，能否以评论已有的评论这样的形式完成自己的文章？

答：当然。比如，驳论就是常见的。不是隔三差五都能看到副标题为"与某某商榷"的文章嘛？

同学问：老师您认为论点的正确在于逻辑自洽，这个"逻辑自洽"是指自身不矛盾的意思吗？那论点是否就是观点的一种逻辑性的表达呢？我一直不太清楚这个"正确"指的是什么，而且我觉得论点的逻辑应该在论证的过程中体现，不知道如何通过一句话去实现最高的表达效率？

答：我强调自洽，是指不必拘泥教科书或者人云亦云。也许你的观点标新立异乃至惊世骇俗，只要能用逻辑的方式捍卫它就行。逻辑当然要通过论证过程体现。追求表达效率，就是增加读者单位成本里的信息量。

线上答疑：新环境下教法探索

《评论》课后答疑 18：
老实真善美

同学问：近些年，隐性采访被一些媒体广泛采用。但是隐性采访是否侵犯了公民的隐私权等正当权利，媒体应该如何把握好尺度，隐性采访算不算反映真实客观事件的最佳采访方式？

答：这也是价值秩序的典型案例。总体慎用吧。然后考虑一些变量。比如，主题的重要性、采访对象是普通民众还是公权力？是否有其他业务选择？

同学问：媒体如何平衡传播正能量事件和负面事件，以便让读者能客观地看待世界？

答：你如何定义"正能量"？如果发现奶茶里有一粒鸟粪，什么样的表达是正能量？是"全面看问题。毕竟，这么一大杯奶茶里面也就只有一点点鸟粪"？新闻学有各种道德理念，我们能回归定义就不错。"正能量"很可能只是一个充满成功学性质的、模棱两可的鸡汤词汇：老老实实的真善美不好吗？一个老问题：鲁迅先生是正能量吧？

同学问：当我们想对一些热点事件发表评论，但可能会触及一部分人的痛点的时候，比如涉及当事人的隐私，我们还要继续吗，如果继续的话如何与故意戳人伤疤的无良媒体区别开？

答：仅凭触及"一部分人的痛点"不足以做出判断。你鞭挞丑恶，就是要让有些人痛才对。如果只是普通的社会新闻,当然要非常小心谨慎。

同学问:对于一些本身难以评判的事件,执不同观点的人数差别应该很小,同时各媒体观点不同,对受众影响也有限。这种情况下为何还会形成沉默的螺旋,出现一边倒的现象呢?

答:有具体案例吗?我猜,执此观点的人,未必是发言者。沉默的螺旋,是基于内在的心理规律和外在的意见气候。

同学问:我国媒体对于国外的疫情的报道有时比国外的媒体更早更准确,有些网友对于国外新闻的关注度也超过国内的新闻。长此以往会有什么影响?写新闻评论时又该注意什么?

答:我从不看不该看的东西。我的外文阅读能力又不行。所以,你说的国外的疫情报道,我差不多都是从国内媒体上看到的。不知道有些网友,是通过什么渠道关注的国外新闻?长此以往……其实我不担心年轻人的心智,更担心只让他们接受单一信源——历史上很多例子,失去判断力都是因为这个。比如德国的"水晶之夜"、比如法国的"猎巫行动"。

同学问:像《人物》这类杂志喜欢从小的切入点去报道较为宏观的事件,给人带来的情感共鸣会更为强烈。但似乎会造成"当事者意识"的缺失。这种情况下应该怎么取舍?

答:鼓起勇气承认吧——我不知道什么是"当事者意识"。这是个传播学名词还是心理学名词?一般说来,我的确赞成从小处切入。优秀非虚构作者何伟写《寻路中国》,就是他自己驾驶捷达轿车的观察。

《评论》课后答疑 19：

痛固然是痛

同学问：4月4日的集体哀悼（手机app界面变黑白、禁娱、游戏停服等），有人认为这创造了一种共情氛围，缅怀逝去的同胞，给生者注入力量，是中华文化几千年传承的仪式感。但也有人认为这是"作秀"，纪念放在心里就好，那么应该如何区分"形式主义"和"仪式感"呢，两者的界限在哪呢？

答：即使民间的婚丧嫁娶，仪式感都可以理解。比如，虽然不再有"纳吉""请期"这样的繁琐手续，但不打招呼带走我女儿，我肯定也是有意见的。其他地方也一样。好莱坞电影里，就经常看到。

同学问：想问问老师关于4月4日"禁娱"的看法。

答：见上。对同胞的缅怀是应该的。但具有意义的前提是，真正铭记了教训，洞悉了历史。

同学问：全国哀悼于情于理本是应当的，对此也有许多的举措，比如网络页面换黑白、网站停更、游戏停服等。但也有声音表示哀悼生命的心更重要，过度的要求有些哗众取宠。对于哀悼是否太过注重形式？老师您有什么看法？

答：见上。形式如果对号本质，就不算形式主义。

同学问：一千个读者的心中就有一千个哈姆雷特，对某一个新闻事件的解读往往会产生很多不同的观点，并不能说谁绝对对谁绝对错，当我们给出自己的观点并且逻辑自洽，另一方也有他合乎逻辑的说法，这时候是否一定要争个对错呢？或者，存不存在无法判定对错的事件呢？

答："或谬原则"，承认多元观点的价值。但这也不意味着，观点就不能交流，或者没有是非。一千个读者的心中有一千个哈姆雷特，说明一千个读者都认可莎士比亚。而且有些价值原理，庶几可以认为有绝对答案：比如多元优于一元、吸毒有害健康，等等。即使是争议话题，争议本身也能推动社会进步。

同学问：发声者要对言论负责，在舆论的推波助澜下，新闻评论是否有可能无意中伤害新闻当事方？如果有可能，应该如何避免？

答：如果是常态舆论监督（主要是公权力），不存在伤害。如果当事人是普通个体，靠新闻从业守则或者法律相关条文调节就行了。

同学问：在从小到大接受的教育中，我们会学到很多大道理，这可能使我们遇到问题时失去自主思考，用之前学会的道理去论证，这种不证自明的道理好像也不大会引起大家的质疑，但停止思考肯定是不对的，如何在新闻评论时打破这种思维呢？

答：教育，培养价值原理和社会共识。而"怀疑精神、独立人格"应该包含其中——如果没有，则起点上的"原理"和"共识"值得怀疑。这可以解释，为什么"五四"时期，这么多旧式家庭出身的知识分子会经历蜕变之痛。痛固然是痛，给我们的启发是还有自我觉醒和救赎的机会——只要你有求真的勇气和胆识。

同学问：对一些被资本压热度的负面新闻进行评论，传播却被限制，几乎无法产生效果，还有必要去评价吗？

答：只要它不是唯一的资本，就没什么好担心的。再牛的资本，也不能一手遮天。除非，竞争对手、行业协会、知识分子和监管机构……统统失效和缺位。

同学问：2020年我们无数次"见证历史"，网络世界带给我们的负面信息也达到了一个空前的密度，很多人说自己似乎患上信息PTSD（创伤后应激障碍），觉得世界很糟糕。如此看来，做新闻报道时是否需要把握负面新闻的"浓度"？对负面新闻进行评论时是否要考虑到受众心理承受力，去做更加温和与积极的表达？

答：首先再次声明，我对未来充满信心。新闻报道讲究的"平衡"，绝不意味着好坏各半。因为媒体的天然职责，并非粉饰和装点。负面新闻高密，那便以积极心态解决它所对应的问题，而不要假装它不存在。写作者的表达，有业界公认的尺度；受众作为成年人，也得具备自我修复情绪的能力。

《评论》课后答疑20：

呕心沥血

  同学问：近来，美英有声音要求中国给予什么赔偿，好像清朝那样勒索我们。私以为中国媒体在国外的舆论影响力尚需提高，但是舆论在国际社会的作用是非常大的，疫情期间，舆论好像也成为了战争。逛外网就会发现大部分西方国民对中国的印象就像张艺谋贾樟柯导演电影里那样比较落后破败的模样，并且对中国存在着非常大的偏见。可是，西方国家在近现代对中国做过各种穷凶极恶的事，但是现在大部分国人对西方国家的印象都是比较好的，也是比较羡慕的，觉得外国似乎更先进，福利更好，中国人也是大量流向外国。请问老师为什么产生这样的现象呢？中国媒体在外国为什么并没有像外国媒体在中国那样有巨大影响力？（有的时候网友甚至会觉得外国媒体比本国媒体更权威？）

  答：先前说过，我原文阅读能力较差，而且从未有过留洋经历，所以想问问具体情况。

  第一，"美英"是指美英政府还是美英媒体？抑或美英政府通过美英媒体？前者可能给后者下个统一口径的命令？无论如何，总不至于是国际阶级兄弟——美英人民对吧？据我了解，即使川普时代风气转向，各种歧视依然是政治不正确，对中国有偏见基本为个案并非现象吧？反面想亦当如此。当我们使用集合名词的时候，都要停下来思忖一下。

  第二，我对文字有点强迫症，"美英……好像清朝那样勒索我们"，也许你是想说"像在清朝时那样勒索我们"对吧？有一瞬间，我都没缓过神儿，以至于得多读两遍，才明白提问里"我们"跟"清朝"的语法关系。

第三，中国在海外的舆论影响力，我没做过调查。小时候的阅读印象，是咱们的朋友遍天下，特别亚非拉。他们仰慕中华文化，被包括四大发明、长江长城乃至面条和武术迷得不要不要的。更重要的，中国人热情好客，豪爽大方。当年的通讯稿，谈及外宾皆绘声绘色：挑大拇哥说奇怪汉语、用筷子吃火锅出洋相的趣闻隔三差五。直到哪年春晚，郭冬临还打着天津快板唱"她一边吃包子，嘴还直 bia 嗒；这包子真好吃，是 very good……"至于今天的国际舆论成绩，我没太关注，但据说咱宣传努力是一直都在的。比如"中国国家宣传片亮相纽约时代广场"的新闻，你可以检索做功课，我打赌这不是唯一的手段。

第四，舆论在国际社会是不是战争，不太确定。反正我一般看主流媒体口径：它美酒我就美酒，它猎枪我就猎枪，反正时刻保持一致。记得贸易战的时候，还有网友说什么"可以根据央视 6 套的播映列表"，但我不知道是玩笑还是严肃判断，因为我也不太看 6 套。

第五，你提到"逛外网"一定是指某些网民，我曾多次提醒，只看中国大陆的合法出版物，不允许使用被戏称为"佛跳墙"的任何软件。

第六，西方人对我们，确实存在刻板印象。你提到张艺谋贾樟柯的电影，也很可能符合事实。果如此，就争取多一点有效文化输出。比如，让国产电影在海外市场拥有真实票房，让版权交易改变严重倾斜的入超地位。这点我看好你们年轻人，以后多生产有竞争力的内容吧，为国增光。顺便说一句，我们对西方人的印象，又是通过什么渠道呢？

第七，"西方国家近现代对中国做过各种穷凶极恶的事"，是的。岂止西方，也包括南方的澳大利亚、东方的日本。但毕竟雄鸡一唱天下白，我们不是站起来很久了吗？而且鲁迅说"相逢一笑泯恩仇"，周恩来先生那些无论中美、中日的外交逸事，就不一一重复了。

第八，"现在大部分国人对西方国家的印象都是比较好的，也是比较羡慕的，觉得外国似乎更先进，福利更好，中国人也是大量流向外国。"这是错误认识，必须予以纠正。大部分同胞包括我在内，分明都坚守在祖国。而且我们有文化自信,应该是他们羡慕我们。

第九,你最后两句话我没太看懂。我没觉得外国媒体在中国有什么影响力,其实我根本没怎么看到过外国媒体。相反,我只看到咱们的环球和咱们的发言人义正辞严、雄辩犀利。听讲,它们还在一种叫推特的地方,取得了外交胜利呢。

线上答疑：新环境下教法探索

《评论》课后答疑 21：
米尽鼠同饥

同学问：从最近的选秀节目可以看出，才艺似乎已不是吸引观众的主要卖点，与此相反，因为"无才"而闹出的一些笑话才能给人留下深刻印象（以某位选秀艺人的"淡黄的长裙，蓬松的头发"为例，本来应该是 rap 的部分，却因其不会 rap 而变成了诗朗诵，因而上了热搜），对于这种现象，是否应该予以鼓励？

答：偶像，和反偶像，都对应收视需求，都能在传播学和心理学的范畴内寻求解释。有李宇春——原谅我实在不认识新生偶像，就会有被观众称为"苏珊大妈"的苏珊·波伊尔和龅牙的华裔青年黄威廉。我觉得反偶像的存在，是文艺多元化的表现，可以不鼓励，但也不值得大惊小怪。总体而言，我觉得反偶像成功的只是个案。芙蓉姐姐不会出现在 1970，1970 没有选秀节目，我们只能听样板戏。"淡黄的长裙，蓬松的头发"这样的歌词，搁我小时候不被批靡靡之音才怪。

同学问：很多灾害，其实很可能有人祸的成分。这使我想到了切尔诺贝利事件。去年同名美剧获了大奖，但是在国内却引起了争议，认为导演出于阶级局限，污名化我们的邻国。如果现在假定作品确实夸大了批判，老师您是认为这是影视艺术促使人反思灾难，还是作品失实误导人？还有我发现很多人在做出评论时，总会不经意地从阶级意识出发，老师您是如何看待这个问题的呢？

答:各秉价值、各擎主义的国家阵营,彼此攻讦和批判是常事。但文艺或新闻的刻意抹黑,则可以进行业务本身的审视。在西方和苏联对阵时期,污名化对方毫不稀奇;天使化对方的情形较少,但也并非绝无仅有。他们可能会因此承受来自同胞的压力,但我猜索尔仁尼琴(我国群众出版社有他的《古拉格群岛》中文版印行)和罗曼·罗兰(你们自己去检索他应高尔基之邀访苏的前前后后)经受的冲击是不同的。另外,污自己的,多半命运也不同——不举例子了吧。至少在美国,这类作品司空见惯。我记得休·格兰特有部喜剧片《美国梦》,有兴趣可以看看导演怎么自黑。还有,最近大家都在谈王小波,我记得他多次援引名句"知识分子是坏公民",大概像米奇尼克那样的家伙算?不管风云变幻,他永远站在"对面"和"远处"荷戟逡巡。评论是主观文体,从写作者的意识出发有什么问题?还是老话,所谓百家争鸣,只要允许观点的市场交锋就行了。最后提醒,只许阅读和观赏合法出版物。

同学问:我们该如何看待欧美谣传"5G导致流行病传播",英国信号塔遭纵火的事件?谣言的传播到底基于什么?在此事件中,有许多知名人士出面支持该言论,也有不少医生护士支持该言论,甚至社区人民是有组织有计划地烧毁信号塔。人们对未知的恐惧真的会超越理性判断吗?

答:一般说来,谣言的产生,多半因为信息流通不充分。只要有足够信源相互证实或证伪,谣言就该如太阳下的雪霜。但公众的科学知识水平所限、偶尔的应对失当以及灾异事件带来的本能恐慌,的确有利于谣言的滋生与传播。你看《2012》《传染病》里都有民科人士吸引大批拥趸。最后,你看没看那本我推荐的、法国人写的《谣言》中译本?

同学问:结合热点事件报道来看,感到媒体有点不容易。不可否认,在某些报道中媒体是存在失误的,但从另一个角度来看,如今社会上是否蔓延着对媒体一顿乱喷的风气呢?部分网友对媒体是否也存在着双标的现象?疫情期间,媒体播报国内好消息就是报喜不报忧,播报国内不好的消息又指责媒体过度传递负面信息造成人心动荡；媒体报导国外的好消息就称之为媚外，报导国外的负面消息又称之为幸灾乐祸。大家动不动就给媒体扣上无良、没有道德底线的帽子，媒体的负面形象似乎已经成为固有的认知定势，怎么看待这样的现象？

答：媒体其实一直不容易。我认为两个判断同时存在：首先应该看到，媒体的很多问题，并非媒体本身的问题，它需要踮着脚尖走路；其次，媒体不能借口体制而随波逐流，它的努力对浸润改变体制有意义。还有媒体的表现，是可以分别评价的。我的邮箱里曾经不少赠阅，有的特意找电子版转扩，有些我用来生炉子。作为受众，我觉得还是要普及常识，培养逻辑，才能苏醒嗅觉并增长认知能力。

同学问：新闻评论中，设置了论点，论据大致可以从哪些方面入手？在形成自己的观点后想要表达论据时却总会觉得词穷，这时候做功课应该从哪些方面去做呢？

答：我自己的体会，是不会单独设置论点时完全不考虑论据的。论点当然是由头"触机"立场的产物，但一个熟练的写手，差不多总是同步想到论据支撑。这个支撑可能是不够坚实的，但至少你知道从哪些方面、什么渠道去做后续功课。换句话说，论点不是突兀空降的外星来客，论点里已经有雏形的思辨过程、差不多可以算是初步思辨的结果——这里面就包含论据。这个论据就是方向，你后面的努力，不过是丰满和加固。

下篇

《评论》课后答疑22：
我猜到

同学问：如何看待财新发表的关于热点事件的特稿？
答：粗略扫描，有点知音体而已。

同学问：如何看待最近财新网记者发布的报道和网传该记者朋友圈内容（存疑）？
答：记者文责自负，但她没有义务提供标准答案。人们可以拿起批判的武器，但没必要大字报似的围剿。

同学问：想问老师如何看待财新网今年那篇著名的报道以及它所激起的公众反应？
答：我说话容易得罪人。很多人总是在安全又仅需调度"朴素道义情感"的话题上热情万丈。

同学问：财新网和南风窗最近的报道在网上引申出一些关于新闻"善"和"真"的顺序问题，老师认为善和真孰轻孰重呢，引起众怒的事件，评论时若有与大众不一样的想法就会被扣上"无情冷血没有同情心"的帽子，要如何面对呢？
答：商家"打架"，顾客受益；媒体"打架"，读者受益。"善"是新闻传播的"道德偏倚"，"真"是新闻报道的业务追求。真和善矛盾的时候，看情况。如果是我,也许会为了道德偏倚,在非常特定的情况下、有条件地牺牲一点点真。批评对象也应该有机会让媒体代言。即使对所谓罪大恶极,我们也并非要封上嘴,然后将其用火烧死。

同学问:想知道老师怎么看待财新网近期发表的文章。我非常疑惑这类文章完全可以选择从受害人的角度,像南风窗一样,或者是受害人的母亲:是为了私利还是女儿的未来?或是讨论我们国家对这类事件的处理机制的不足。而财新选择以加害人的角度来写,当然并非不可,在采访的角度和报道的文字上就必须谨慎谨慎再谨慎,但在财新网的这篇文章中显然是没有的,甚至我有一种冒粉红泡泡的爱情故事一样。这篇文章很不财新,但偏偏它还是发表了。再结合《南京日报》的那篇文章,我着实有些好奇媒体报道的把关机制是怎么样的?

答:每个媒体都有自己的编辑理念和采写手册。它的业务把关,当然根据的是这个。财新网的稿子确实挺像《故事会》的,我也不为它辩护。但不怕财新网犯错误,怕财新网、南风窗……所有的媒体众口一词——几十年前,有过那样的时候,而我一点都不怀念。

同学问:老师如何看待最近财新网的案件报道?

答:我只是猜到了,本期将有很多同学问及。这对应某种读者心理,课堂上我会详细阐释。

同学问:在多次恶性事件报道中,一些媒体表达的立场却是对施暴者有同理心,将受害者污名化(特别是财新网的一篇报道引起了大众的愤怒)。从传播角度他们肯定知道发出来大众会有何反响,但是却为什么还是这样做了?

答:也许采访到的素材,让他们觉得这样的稿子,可以在自己的编辑理念下发表。当然他们可能是错的。不过,舆论场又不止他们一家媒体。我本人,虽然凭直觉感到有些新闻人物不是好人,但我不喜欢的人就要给割喉送死,那才可怕呢。人性黑暗,江湖复杂,但法律不是猎巫,法条也有边界。

同学问:最近财新网的文章引起了很大的争议,其中作者苑苏文还写道:"这更像是一个自小缺少关爱的女孩向'养父'寻求安全感的故事。"并且发表了"为了写这篇特稿还错过了动森(一款游戏)的钓鱼大赛"这样的言论,您是怎么看的呢?

答:我怀疑她的业务严谨程度,我不喜欢她对待严肃话题的轻慢态度。但我不愿跟大家一起啐痰。

同学问:"姐姐来了"和"哥哥也在"等为词条的热搜,让我感到生理性恶心,还有一众明星的抱团现象,想知道老师对此怎么看?

答:我也有点植物神经紊乱。

线上答疑：新环境下教法探索

《评论》课后答疑 23：
我并不冒险说服

同学问：为何周围的人都在支持薅羊毛的瑞幸咖啡呢？国货之光？真是这样吗？还有就是美国为什么要去检测老虎呢？明明人都检测不过来？

答：跨度好大。造假有什么事实和价值争议吗？参与游戏然后接受游戏规则有什么问题吗？瑞幸据说是一个注册在开曼群岛、高管加拿大籍、美国纳斯达克上市的民族企业。希望上街摇旗呐喊、或者用 U 型锁砸购买卡罗拉同胞的，都能有脑力认真想一想。我反正根据消费能力买正规货——不管国货洋货，它销售的合法性不应该由消费者论证。检测老虎……这有什么奇怪？不仅对老虎，对猫狗都正常。未必是出于保护动物，出于保护人，研究人和动物之间的感染可能，也许是有必要的。

同学问：关于近期瑞幸的这个事件，网上出现了"瑞幸'一边骗美国投资人的钱，一边给国内消费者发优惠券'，是'造福大众'的'民族之光"这样的论调，请问老师怎么看？或者说可以从什么角度去反驳这样的观点？

答：我是国际主义者。你是江苏人，你支持苏商糊弄安徽人吗？另外你可以观察他，是用 WPS（金山的文字编辑系统）还是 OFFICE（微软开发的办公软件），是使用尼康相机还是海鸥相机（现在还有这牌子吗），开奇瑞还是大众、擦百雀羚还是欧舒丹……我身边还没有纯国货的朋友,倒是有穿着耐克鞋反对麦当劳的。反驳这样的观点是一件麻烦事。因为如果是一件容易事,也许就根本不需要反驳了。

同学问:瑞幸咖啡22亿财务造假这一事件应该说影响是很恶劣的,但因为瑞幸在美国上市而不是在国内上市,所以一些网友称之为"爱国企业"甚至表示支持瑞幸,您对此怎么看呢?

答:我习惯了。说过不止一回。美国世贸大楼事件时我在随园读研。我的舍友,还曾为"美国人死了很多"高兴呢。我现在,经常拿这节打趣他……我没有冒险在那会儿说服他。

同学问:之前的美股熔断和最近的瑞幸事件都是经济领域的新闻,我对此类事件很感兴趣,不知道老师能否推荐几本入门的经济学书籍?

答:上次讲座老师有推荐吧?我不是这个领域的专家。不怕笑话,我自己的办法是其他作家的科普。而且我通常是碰到问题,然后去检索搜寻。我圈内朋友分享我的,似乎都是更上源的东西。比如杨小凯、亚当·斯密、大卫·李嘉图、哈耶克、弗里德曼之类。

同学问:在评论时我们应如何顾及新闻事件中双方的处境和感受,尽可能减少对弱势一方的伤害?如被害者家属与死刑犯家属,观《我们与恶的距离》有感。

答:就是公众知情和当事人隐私的平衡。在长期的新闻实践中,已经有相对成熟的操作守则。比如什么时候使用化名、哪个年龄段遮挡马赛克、以及对谁声音处理,等等。猎奇还是严肃讨论社会问题,在报道中并不难分辨。而且当事人如果觉得受到侵害,他可以提起诉讼。行业协会,也有自律条文进行调节和约束。

同学问:在社交平台上,人们为了省事而使用各种缩略词,不了解这些的人看到后往往一脸懵。那么这些缩略词的出现到底是好是坏呢,会不会一定程度上影响人们信息的获取。

答：是的。我侦测出你们有时称我"wsl"。这很正常。不仅社交平台，人们平常说 CT，也不说"电子计算机断层扫描"。而且网上"黑话"并不难用心理学、传播学等解释。比如新奇、戏谑、排他、圈子的身份识别等等。你说"影响信息的获取"，使用者很可能，恰好是为了提高阅读者的准入壁垒呢。

《评论》课后答疑 24：
制造小人，制造君子

同学问：自杀学之父爱德温·史纳曼曾经估计，每一人自杀死亡，至少会影响6个自杀者的亲友。复旦大学心理学系主任、心理研究中心主任孙时进教授也指出自杀是会让人模仿的。当年《少年维特之烦恼》一书问世后，不少青少年模仿自杀，美国社会学家菲利浦斯称这种现象为"维特效应"。既然自杀具有心理传播性，公开报道自杀可能会造成效仿，酿成更多的悲剧。那么媒体对自杀事件应该如何处理呢？

答：当然要克制。我听说有些地方，在电视访谈涉及这个主题时，都有字幕提示"珍惜生命，请拨××××"。但自杀问题主要还是社会问题、心理问题，不能仅仅归罪于文学艺术。创作者应该有尺度意识，但也不能因为罪犯看过《无耻混蛋》就拷问昆汀。

同学问：个别媒体的新闻报道通常报喜不报忧，认为减少对悲剧性新闻的报道可以防止民众恐慌，但是很多网友认为对全面的信息公众应有知情权。报道悲剧性新闻真的会促成恐慌吗？抑制恐慌的措施是保证信息的全面，让人们了解真相，还是选择性报道？

答：大道不传小道传。信息阻塞才会造成恐慌。

同学问：想要维护法律，其在于"有可为"，更在于"有可不为"。从罪犯到犯罪嫌疑人，从疑罪从有到疑罪从无，这是法律的进步。但是罪犯的合法权利却总受到伤害，有时微博等公共话语平台动不动就"喊打喊杀"，从而对依据法律本不应该判处死刑的人，杀之以泄民愤。而造成这样的境地，媒体势必需要负责。作为传媒学子，以后大多是要进入媒体机构工作，进入传统媒体的总称自己受困于体制，进入新媒体行业的推脱自己不愿成为众矢之的，对此您是怎么看的？您又觉得在报道这类奸犯科事件的时候媒体应该注意什么？

答：我同意问题的前半段，但不同意归因。媒体即使有问题，也是次要责任者。首先，媒体都是公营，差不多执行同一个把关政策。我去过一家日报，部门主任被称为张处、李处，它更像是一个准机关单位。我的意思是，类似过去"严打"这种社会运动，媒体的宣传不是一种舆论配合吗？至于记者在犯罪新闻上应有的专业素质，那差不多相当于 ABC 了。

同学问：凉山火灾又导致多名消防员牺牲后，有媒体发评论责问当地相关部门为何悲剧一再发生，但同时也有人科普当地自然状况，说明春季森林火灾无法避免，且目前的科技水平还未达到可以避免救火过程中的意外发生的程度，也有当地网民反映当地已经在防山火上做出很大努力，但当地政府一直没有直接回应质疑，想请问老师这种情况下该媒体的评论是否妥当呢？是否可以看作是一种功课未做足的表现？

答：媒体问责，作为舆论监督的一部分，在我们的教科书里是明明白白的功能和使命。媒体问责只要并非出于恶意，甚至应该允许有业务失误——毕竟被问责的主体也有自辩权利，甚至在权力结构中处于优势。这种情况本身，就是评论者应该做的功课呀！

同学问：有些媒体将网络上某些新闻事件设置成"禁止评论"，这是为什么？这样难道不会激起读者的不满吗？想知道老师怎么看待关闭评论一事。

答:对于自媒体,也许出于可以理解的原因。但如果是公共大众职业媒体,我觉得那样既是不高明的,也是不道德的。

同学问:很多人都只是在一些不会威胁到自己的安全领域上批评人或事。那应该怎么评价这些人呢?

答:作为个体,这种态度也能理解。但如果作为现象级的潮流,就要允许我将其当成时代表征。我反复说"朴素道义情感"不用费力思考,又能借情绪宣泄带来崇高感,豁出去讲这就是一种浅薄。对一个问题的认知停留于表层,谈得上什么真正的鞭挞?批评不仅是一种态度,也是一种能力,可以有业务评价啊!

线上答疑：新环境下教法探索

《评论》课后答疑 25：
叶公好龙

同学问：请问老师是如何看待法律和秩序之间的关系的，是先有秩序再有法律还是先有法律再有秩序，法律会使人失去自由吗？自由其实是否是需要法律支撑的？

答：法律，按照教科书的定义，一般要靠国家暴力加持的。秩序，则是社群生物的必然。群居的猫科动物有规则吧？狮王的"基因延续独享"，就是一种秩序。所以，肯定先有秩序，然后有法律色彩的秩序，然后就有法律化的秩序吧。后面的问题是常识了。不过需要提醒的是，如果有东西超越法律，那么自由——任何为法律约束和关怀下的其他东西，都是肥皂泡了。

同学问：老师怎么看待微博上一名女性希望孩子随自己姓，但男方并不同意，最终女方选择离婚，且放弃孩子抚养权的事，理由是男孩"与自己的性别不同，不在一条船上"？

答：我认为，对姓氏的执着，是宗法社会的基因遗存，算文化传统，我能理解并尊重。但私下里，却觉得生命如此神秘而荒诞，纠结这个真的很无谓。何况，公民的姓名权也只是暂由爹娘以亲权名义代理，我猜多数人根本不知道姓、氏的区别与来历。谁能保证祖宗十八代的血缘轨迹？更别说还有因避祸、赐姓、依附等而改姓的。俗话说，"百年修得同船渡"，何况爹娘妻子，该相互温暖和守候，何必计较这个。我跟女儿说过多次,"王"太多了,你随你妈姓"谷"多美,再不济你就姓"一",保证在社交场合抢眼。以后她随夫姓,或者自己改名"诸葛钢铁",我都尊重。

同学问:在对很多公共问题的讨论中,人们常常不能做到就事论事,比如近期接连发生的留学生事件,将留学生的安置问题上升到邦国之争,变成对个人、所属学校的连坐攻击,公共讨论变成你死我活的争论,请问老师如何看待这类现象?

答:你差不多已经有了答案。有些冠冕堂皇的旗号,容易动员情绪、令人放弃思考。所以据说卢梭才引约翰逊,就有了"流氓最后庇护所"这样的激愤之辞。

同学问:如何看待部分人的宗教信仰,遇到相关热点问题如何区别它是宗教习俗还是落后荒谬的文化习俗,思考评论相关问题应该注意些什么?

答:相对于过去很多国家的政教合一,宗教信仰自由+政教分离是一种历史进步。我国的宪法也有相关规定,因为那是现代文明的成果。作为个体,我尊重朋友的选择——无论它把灵魂交给基督还是佛陀;但我又确实,不理解那些打着神明的招牌所推行的残暴与血腥;不管是过去法国胡格诺教派的悲惨遭遇,还是现在南亚被亲兄弟"宗教谋杀"的骇人恶行,都让我愤怒。至于应该注意什么,首先不要选择生活在那样的时代和地方,其次……价值秩序。

同学问:深圳是内地首个立法禁食猫狗的城市。深圳市人大常委会法工委负责人表示:猫狗作为宠物,与人类能建立起比和其他动物更为亲近的关系,禁止食用猫狗等宠物是现代人类文明的要求和体现。这是一个长久以来一直有争议的问题,对此进行评论无非支持和反对两个立场。我本人是支持的,但是看到诸如"传统六畜和人类关系也很亲近"这样的观点时,我好像也无法反驳。这种情况应该怎么做呢?

答:我曾经是一个严格的素食主义者。如果条件许可,我还打算随时回到那个选择。但我不支持别人放弃肉食,也不支持强令禁食猫狗。不仅是六畜,还有鸽子呢,要反驳他们确实困难。我赞成不为"猎奇"轻易扩大食谱,以及屠宰时讲究悲悯和关怀,但这个问题上,剥夺一部分人选择的理由不充分。

同学问:北大一名金融系学生将鲁迅所写的数篇散文诗集改编成与《野草》同名的说唱歌曲。这个行为争议性很大,有人(这些人中不乏从未读过鲁迅者)认为这是亵渎经典,侮辱了鲁迅;有人认为经典不应该被神话,被当作雷池而不敢越之半步。我想问,这样的创作真的侮辱了经典吗?歌曲《明月几时有》也是用了苏轼的词,文艺作品取用《诗经》内容更是不计其数,难道一旦被奉为经典,便只可远观了吗?想问问老师对于这一现象的看法。

答:我平生最看不得伪善和叶公好龙。首先,改编说唱《野草》,也可能是一种致敬;其次,即使是戏谑、调侃与批评,也不是什么大不了的事情。鲁迅精神里本来就有不迷信成分,他未必喜欢自己被架上神坛。

同学问:拍摄一段即使时长只有十分钟的电影比拍一段半小时长的抖音短视频要有技术含量得多。不看其他人,居然我本专业的同学都对拍抖音短视频表现出更强烈的兴趣。我们在平时学习电影剪辑、拍摄时已经深切体会了它的困难,为什么还有那么多人愿意对一个带着"抢饭碗"意味的低成本视频平台产生兴趣?

答:很可能,那个新工具符合时代潮流。很遗憾,短视频确实降低了视频的制作门槛,这使得专业工作者的技术壁垒崩塌了。你要说服观众走进电影院,比过去困难得多。但胶片本身也曾是新技术对吗?电影剪辑手段也在进步?我给你的建议是:警惕消费主义裹挟下的信息垃圾,但这个不是传统电影工作者骄傲的理由。

《评论》课后答疑 26：

鲁迅的妈与岳飞的妈

同学问：开启"精选评论"是不是一定程度上限制了发言热情？既然知道精选评论只能维持表面上的平顺和意见统一，且会引起群众不满，那么精选评论的根本目的和好处又是什么呢？

答：我觉得，那就是微博的一种业务尝试（公众号早就如此），当然是基于受众流行的判断以及自身定位的调整。作为自媒体平台，我没觉得"精选评论"跟发言热情有什么近关系——我们当初不是这么管理博客的吗？但 BBS 这种议事厅又不同，"斑竹"当然要顾及讨论版的公共属性。另外，假如我们真对发言热情这么敏感，不会只在此一处感觉受侵犯吧。最后我注意到，尽管多次在课上提及，你还是使用了"群众"这个词，在我一般用"受众"的地方。不过你是自由的……但这也真是耐人寻味的。

同学问：某大学的新闻学教材里提到了"体制性失实"这个词，指的是受某种价值观影响而造成的新闻失实。那么该怎么避免这样的情况去写好一篇新闻评论呢？（很可能你自己在写的时候并没有意识到这样是有问题的）

答：那么，这个价值观，是强制性的共同价值观吗？如果不是，就没有关系。因为媒体不同的编辑理念，不会给你呈现众口一词的新闻。你作为能思考、会分辨的主体，也可以基于自己的价值观，去做出具有道德

线上答疑： 新环境下教法探索

偏倚的判断——毕竟在健康的舆论场里，你也不是唯一开口的发言者。

同学问：上节课关于死刑的辩论，我不认为那是一种同态复仇，而是制度与规范的体现。只有这样一个红线在警戒，才能让更多潜在犯罪投鼠忌器，否则犯罪成本较低，社会将有更多不稳定因素，比如韩国素媛案罪犯犯下令人发指的罪刑，如今却也要刑满释放，这让许多当时的受害者感到害怕，所以死刑还是有必要的。最近一段时间，许多国家一边把锅扣给中国，一边又向中国请求援助，可是我国还是向那些伪善派捐助了物资，引起了网友讨论，这是站在大局观上做出的决定，如果单就个人意愿，您会支持捐助吗？或者说，在平时生活中，身边存在这样的人，难道也要提供帮助吗？

答：嗯。确属艰难选择，所以有不同的法律理念争议和法治实践区别。说到红线，就是支持者要证实设置死刑确实更能减少犯罪率——据我了解，未能。至于刑满释放可能危及社会，这就是何以要量刑准确、评估专业和审批合适，并且辅助社会监管的重要性。否则，不仅存在二次犯罪的风险，也存在司法误判的可能呀！说来说去，还是死刑对于威慑犯罪的效果不确定（相比无期徒刑比如），而剥夺生命的正义性（哪怕是剥夺剥夺者）存疑——这个推断，是基于文明社会的公理做出的。第二个问题所折射的基础认知非常繁复。我只能提示点线索，然后请爱学习的你去思考了：这个扣锅给我们的"国家"，是行动一致的人格化主体吗？我的意思是，若川普扣锅，是得到全部彼国媒体的支持了吗？有没有来自他本国体制的掣肘？公众是否可以在他的官邸前说 No？身正不怕抹黑，我倒希望能有更多的掀锅。最后纯好奇，如果你决定写篇反对捐助物资的文章，会考虑投给哪一家的日报呢？

同学问：看一些爱国色彩的电影时，我们说不应该谈特别空泛的爱国概念（中国部分爱国片），而是应该更注重家庭、个人（美国《爱国者》）等等。但是在疫情中，一些国家指责别国的封闭侵犯了"人权"，但是"人权"跟生命安全比起来，难道不也成为了空泛的概念吗？

答:首先,你知道,我没有原文阅读能力和渠道。偶尔看到我国主流媒体的转述,也不仅是"他们"批评我们,也有他们(媒体)批评他们(政客)。其次什么更重要,课本和老师不都告诉了吗?看来我不用担心你公共课挂科。我小时候学的裴多菲还在不在教材?鲁迅《为了忘却的纪念》里也有提及。说到鲁迅,他只活了56岁,但作为革命斗士永生了。不过我猜他的母亲,跟我们读者的期待是不尽一样的。我还猜他的母亲,宁愿他少熬夜写点文章、走到自己后头。当然这也未必,因为岳飞的妈就不同⋯⋯不扯远了吧。反正,我希望你想明白这些问题,再决定原计划8月的远洋船票。

《评论》课后答疑 27：
如果没有媒体

同学问：最近在网上看到一句话，意思是有困难找媒体。的确有很多事情是在媒体曝光之后才得到有效解决的。想问老师对媒体解决实际问题的能力有什么看法？

答：这不是最近。对于弱势群体而言，那不失为没有办法的办法。既然拦轿告状还时有听闻，为什么不能去央视门口排队？再说，排队毕竟不是在广场制造混乱，因媒体属"党和人民的喉舌"，故，还算在体制内寻求解决方案。不过，我们寻求媒体帮助，并非认为媒体万能。毕竟社会的一般法则，也会投射到报社和电视台。我的意思是，报社和电视台，也是"类机关"和"准单位"，具有后者的基因和性质。

同学问：一些恶性事件唤起人们对某个现象的关注，媒体的评论、大众的愤怒最终也没有办法改变现实，促使法律修订，真是令人无力的现实。如果一个案件不能被以当时的法律追责，对其的评论怎样才有可能对司法造成影响？

答：我一再讲"蝴蝶的翅膀"。城市收容案的报道，就提起了议题，对于废止恶法，未必毫无意义。更重要的是，很多人以前从未听说过恶法的概念。如果没有媒体，历史冤案能不能重新审视？你在舆论场的每一次发言，甚至每一个眼球，都能对意见气候产生影响，从未对各种联动施加了合力。

同学问：经常会在网上看到一些团队帮助社会弱势群体的视频，往往点击量都不少，但也有人提出质疑，认为这是一种做秀。老师认为此类"正能量"传播有意义吗？

答：看情况。我没有"洁癖"。另外，我是真不喜欢，有一些业务八股的宣传语文。汉语应该有更好的表达。

同学问：网络信息刷新太快了，有些"热搜"会随着时间推移热度下降，渐渐地被遗忘。有人认为，要用个体记忆对抗集体失忆，可现下大部分人本身"健忘"，加上某些外部力量导致大众"被迫遗忘"，那还能对抗得了吗？

答：健忘，不仅是因为个人品质。健忘，也有可能是被催眠或……颅腔手术。并非互联网没有记忆，互联网帮助苏醒记忆。在另外一个班里，我为此写了专文：能搜索关键词很好。

同学问：为什么你说类似《肖申克的救赎》《阿甘正传》这样的电影是入门级电影？我理解的入门级电影是一些"爆米花电影"。大部分人如果一上来就选择这样节奏比较慢也比较长的电影，不会看不下去吗？

答：因为他们的故事主题，对世界的解释比较简单。比如，坚持不懈就能成功、生命需要痛苦的磨砺，等等。而世界的真相是，好人未必一生平安，失败有可能是失败之母。"节奏慢、比较长"和故事类型不是对等概念。"爆米花"有霉变的也有香脆的，主题深刻的电影，可能被讲成穆赫兰道，也可能被讲成云图。

《评论》课后答疑28：
他们的日子很悲催

同学问：就留守儿童向志愿者提出"不想要带来的书本文具，想要能玩游戏的手机"一事提问，我们应该如何看待受捐者向捐赠者索要物品的行为？那么作为捐赠者，是否应该满足在自己能力范围之内的要求？抛去要手机的要求，长久以来捐赠行为真地捐到受捐者所需之处了吗？

答：慈善行为，我赞成国际通例。就是在法治框架下，专业机构的规范运作。我们，在以郭美美为标志的历史节点，这个领域的情况可以揣测（郭是网友"扒粪"的成果，不能归功于行政监管或者媒体监督）。

留守儿童，是社会结构性的大问题。在整体倾斜的背景下，我不忍苛求弱势群体，尤其是孩子。相比而言，其他人犯下的错误严重多了。

当然，如果我本人是留守儿童，我会牢记奶奶的话："要饭的不嫌馍凉。"谈不上确切，也请勿断章取义，它对我有意义。

同学问：最近有一款游戏，因极端分子在游戏中创作了羞辱我们的图像，目前大陆地区游戏下架了，您怎么看待？

答：第一，我对集合名词的态度，课堂课后说过太多。比如前段南京雕塑家的闹剧，我并不因为户口在栖霞区，就觉得自己受辱。

第二，歧视在互联网上，被戏谑地写成另外两个汉字，但对它的读解，却不仅仅止于戏谑。作为与戏仿和恶搞同源的网络亚文化，你可以深入思考。

第三，游戏具体情节不知道，不做评价。但是我在这个问题上没他们敏感。若有一个外国人，对我大喊"你们的日子很悲催"，我根本不生气。借助三个自信，我会耸耸肩说："拉倒吧，你们才水深火热。"但如果你说我"你老了而且不够时尚"，我多半笑不出来。

第四，商业公司基本义务是对投资者负责。如果它被认为过于小心，我依然理解。

同学问：我的一个摄影老师说，"你可以说一朵花是香的，但你不能说它是美的。因为味觉是物理属性。"但是视觉不也是物理属性吗？而且，美只有大致的规定啊，这句话究竟怎么理解呢？

答：味觉，你是要吃花吗？我猜你是说嗅觉。香和美的差别，应该不是嗅觉与视觉的差别。美应该和嗅觉和视觉都有关系，但不仅止于嗅觉和味觉。审美是一种精神体验活动，而闻到花香，只是因为芳香分子刺激了你的嗅觉细胞。我不是美学家而是美食家，所以理解比较浅薄：我觉得，美有点像餐盘上的萝卜刻花，是萝卜的升华、比萝卜更奢侈——它的价值超越味蕾。

线上答疑：新环境下教法探索

《评论》课后答疑29：
一种教学可能

同学问：上节课您提到了"混沌大学"这类互联网大学，我在微博上也看到一些关注人数比较多的公众号（营销号）在开班授课以吸引关注度，感觉现在有些机构的教育非常功利主义，您怎样看待这种现象？

答：我总体持肯定态度。互联网大学，只是提供一种教学可能，并非颠覆传统教学模式。知识付费，虽然也有经济门槛，但总体还是"去知识鸿沟"的。功利没关系。因为资本的基本属性就是赚钱。我们不应该指望，互联网企业只基于公益实现工具创新。如果功利到主义了，的确会让它们付出信誉口碑——可这本身就是闭环的商业规则。何况，它们深受指责的鸡汤化，真是取决于内容生产端吗？

同学问：拥有强大法律武器的坏蛋有时候是不是能免于惩罚，媒体的传播、民众的反抗不能与之抗衡吗？一个"高级文化人"的犯罪如何受到法律制裁呢，可以看到舆论其实一定程度上可以影响刑事审判的结果，但是目前标签被取消，抗议被删掉。这些事情的舆论是不是到了一定时间就会消失殆尽仿佛没有存在过一样？

答：一个"高级文化人"并不是这个社会的强者。真正能遏喉的并非商人或律师。而且法律和媒体作为公器，固应倾斜弱势群体，却也不是说剥夺加害者自辩的权利。媒体和法律各自依照自己的社会分工和从业道德行事，而公众收获平衡。遗忘，部分因为把关人效应，部分因为鲁迅所说的"庸人"——我们该记住的东西实在太多了,远比这个粗粝生动。

同学问:请问老师您怎么看待微博控评这种行为?这种行为会不会使有些本来受大家关注的事情逐渐大事化小小事化了最后息事宁人呢?

答:微博给予自媒体控评的权利,和微博行使仲裁者的权力,是不一样的。而且,很少有商业平台会拒绝热闹话题,它多半情非得已:因并非把关链条的最上源,它自己也要接受把关。

同学问:如果现在大学要增加某些公共课,您认为可以有哪些科目?

答:我希望增加科学、逻辑等科目;哲学嘛,为批判也可以介绍点西马。

线上答疑：新环境下教法探索

《评论》课后答疑30：
兄弟虽然老

同学问：前段时间"明星崇拜者辩论"事件很火，而众多媒体都对此事件进行了评论，请问老师您怎么看待该现象？

答：读了好几遍，还偷偷去检索了"明星崇拜者辩论"事件。

首先，年轻人追星，有点疯狂行为，无足深泽。我也年轻过，也曾想给某明星写信。甚至还有，其他现在不愿承认的荒唐行为，所以单纯的袒护偶像，似觉也没什么。

只是我喜欢热闹明星的时候，也喜欢边缘作家。关心女排也关心未名湖的诗歌。更重要的是，我不会为了维护我喜欢明星的形象而去做违法乱纪的事情。

年轻，是年轻人骄傲的资本。但没有匹配筋肉的头脑，却也难让我们这些老古董尊重。当然老也不是老年人骄傲的资本，说到底生理年龄根本不说明什么。

同学问：中国学生到美国学习，会不会无法融入？我也看到或者听说，一些外国学生来中国留学，许多人也是浑浑噩噩，不太与中国学生或老师交流。文化不同带来的问题有时会不会困扰学生？

答：文化背景的差异，不会大到人性无法跨越。埃德加·斯诺可以理解延安的道路，你也曾被《拯救大兵瑞恩》煽下眼泪。前年我的瑞典老师来访，我们交谈、欢笑，并且在重逢的第一刻拥抱——我拘谨于那样的社交礼仪,就如同他笨拙于竹筷和火锅。但是有什么问题吗?这不影响我们的交流。

浑浑噩噩的留学日子是很寻常的。只是文化背景不能作为借口。

《评论》课后答疑 31：

哈哈，当然倒金字塔

同学问：1988年后日本发生的连环杀人案中受害者多是幼女，在罪犯家中曾搜查出了大量色情、暴力漫画以及录像带。日本新闻媒体提出了"由于部分漫画中存在暴力血腥和性暗示内容，因此导致了这样的罪犯出现"的观点，大量有打斗画面的漫画例如《七龙珠》等都被列为有害漫画遭到抵制，由此导致日本漫画实行分级制度。但实际上罪犯作案的根本原因更多地在于他本人原生家庭的影响和童年的经历，并不只是漫画内容的促成。现在也有许多论调抵制各种有血腥、打斗、色情等内容的作品，认为其会造成严重的社会影响，导致一些人走上犯罪道路。然而这些作品需要为这样的犯罪行为负责吗？这些被人称为"三观不正"的内容真的需要严令禁止吗？犯罪的根源在于"三观不正"的作品吗？创作者需要考虑到这样的影响而刻意回避这些内容吗？

答：首先，两个事实之间的因果关系，确实需要充分论证。即使撇清漫画的影响，原生家庭也不是唯一原因。我们很容易找出反例——经受家庭暴力的孩子，长大成为父亲，也可能反而因此内心柔软。

但是再反过来，文艺接触，也的确是构成人格的影响因素。为什么有些国家电影要分级，而小说也有儿童洁本？至于创作者，他需要在艺术追求和公序良俗之间寻找一个平衡。

而且我们也不能只指望创作者，还要同时依靠把关者。把关者同样需要另外一个平衡：既要保护艺术创作的自由空气，又要维持基本的伦理底线;而不是以伦理底线为借口,无底线地扼杀创作自由。

同学问:老师您怎么看待文学作品中含有的一些现实生活中认为的背德、被禁止的负面情节,比如强奸、暴力、背叛,等等。我在微博上看到这样一句话,"文学作品的道德门槛长在每个人的脑子里",我十分赞同。比如电影《盲山》《天浴》,这些电影反映了社会或人性的阴暗面,有人看后可能会反思警醒,也保不齐有人看后去模拟犯罪。有人说这些负面的东西可能会影响青少年成长,但是我始终认为如果真有人看了作品之后做了不好的事,这有可能是他受到的家庭教育出了问题,又可能是社会等的责任,或者说是这个人本身的原因所在,但是不应该是作者、写手的责任,难不成作品都要歌功颂德、弘扬真善美吗?

答:文学作品描写强奸和暴力,也可能是控诉强奸和鞭挞暴力。

当然也有所谓"暴力美学",那要注意尺度。比如小说我接受《红楼梦》,但《金瓶梅》里的繁缛似无必要。当代我接受张贤亮,至于贾平凹那种"此处删除××字",却觉弄巧成拙。

换句话说,即使忽略"背德"的诱导,在艺术取向上,也并非越残酷、越情色就越有价值。比如手术,比如凶杀,用以表现它们的手段太多了,不是非得正面、细节……恶迷恋、恶趣味。

同学问:由于各种突发事件的影响,最近高校毕业生就业和生活困难的话题频频上热搜,但基于我的观察,大部分毕业生并不愿意大众过度讨论此类话题,原因虽然多种多样,占主流的是这样的报道只是凭添了焦虑,很多问题还是得不到解决。针对这样的现象我想问,在很难找到新角度的时候,新闻报道和新闻评论在某一固定矛盾上反复做文章时如何避免"重复论证"?

答:毕业生,并非关于毕业生新闻唯一需要照顾的读者。它属于国计民生范畴,不仅雇主、教师,任何一个社会角色,都有可能对这个题材发生兴趣。至于写作创新和新闻伦理,那是毋庸多言的。

线上答疑： 新环境下教法探索

同学问：想问老师对华尔街新闻体、倒金字塔体还有新华体三种新闻写作的行文方法是怎么看待的，哪一种会比较适合刚入手写作时采用呢？

答：哈哈哈哈。那还用说，当然是倒金字塔体适合。好的文本，就是既要准确达意，又要有阅读快感。

同学问：亚里士多德对于悲剧效果的看法为：英雄的不幸引起观众"怜悯与恐惧"两种感情，从而实现对于心理的净化。喜剧效果好像在引发思考、表达情感方面弱了一些。这种说法你认同吗？

答：那是一种解释。有人说，高明的喜剧，都有一个悲剧的内核。这是有道理的。安徒生的《皇帝的新装》，小时候看了笑，现在看了哭。不过，悲剧里也可以有荒诞感、喜剧感。

《评论》课后答疑32：
我而不们

同学问：一些内核相似的事件为何有的关注度高，有的却一般，是由于机缘巧合吗？还是因为媒体的选择性报道？

答：媒体有选题规律，公众有审美疲劳，遗忘有记忆曲线，把关人也有事实剪裁和舆论干预。反正我对于公众的感慨，反而超过媒体。媒体再不争气，终究算救命稻草。反常刺激、是非斩截的话题，容易聚焦公众注意力。说得残酷点，靠简单义愤获得崇高感，也是一种精神消费。很少有人，愿意多想一步。

同学问：对于某些事件的报道，有受众会以"不客观""不够公平公正"来指责媒体，一些态度立场比较鲜明的媒体常常成为被抨击的对象，应该怎样看待这种现象呢？受众在判断媒体是否客观的时候是否也会受自己原本立场的影响呢？

答：受众这里所说的"客观"，是沿袭传统宣传叙事里的概念。我说的客观，指的是客观性原则，不如诚实性原则有实操意义。公平公正作为词典释义，我们在理解上没争议。我只是强调，忽略了现实语境的倾斜，公平公正就可能走向反面。无论媒体还是受众，立场影响不怕，怕不给言论交锋的市场。

同学问：前些天某中学生寻短见上了热搜，看到不少评论谈及关于中

线上答疑： 新环境下教法探索

国的爱、性、死亡的教育一直过于缺乏，甚至避而不谈，导致学生心理健康方面的问题。但我觉得即使在西方国家也是一定存在抑郁症患者的，这其中与教育问题或许没有过大的联系，而国人在这些方面或许反应过大了？

答：老笑话。小汤姆放学回家，问妈妈："我是打哪里来的？"妈妈叹口气心想，看来孩子长大，这个问题是拖不过去了。于是洗碗扫地干完家务后，把孩子叫到身边坐下来，从精子和卵子，一路讲到子宫胎盘，完了汤姆沉默半响，充满困惑地抬起头说："今天老师问大家：你们都是从哪个州到亚利桑那来的？我不记得咱家祖上是密苏里还是堪萨斯了。"所以，我猜性的话题，都不同程度存在"伦理窘迫"（我生造的词）。当然。无论死亡还是性、爱，都应该健康教育。相比而言，你们这代人比我们幸运多了——我好像只受过完整的恨教育。心理问题的原因很多，但我不能充伪专家。

同学问：一个大学男生，涉嫌酒后骚扰女同学。一家律师事务所，接了这个官司，最后，辩护成了"不予起诉"。律所发文宣传了这事，然后引发争议。我比较偏向于新京报评论中这是符合法治公正的立场，请问老师对此事有什么看法？

答：你怎么看待辛普森杀妻案？你是否看过《魔鬼代言人》？强奸的是非判断不是问题，律师维护委托人权益也没有争议。而且，嫌疑人也没有义务自证其罪吧？那么，引发争议的又是什么呢？网友不会认为，只要一个人被标签某某犯，大家就应该一起扔石头吧？

同学问：一届一届学生带下来，你整体感觉学生发生了什么样的变化？和比我们高几届的学生相比，我们的优势在哪里？我们又有什么不足？

答：年代的差异，在我看起来，小于个体的差异。所以，你是你，他是他，我而不们。你要建立自己的竞争力，别管什么人才市场的大年小年。哪里有什么前浪后浪，我更在意每一朵浪花。顺便再啰嗦下，我没有群体歧视，也没有群体自卑。不是说，你额头上有粉刺，就一定比我更自由。我是带花镜了，但若你不带花镜看鸡汤，又有什么可堪夸口呢？

《评论》课后答疑33：
语言的污染

同学问：您在课上提到发言要注意尺度，我想问如果不论是官方规定的尺度还是平时一些约定俗成的尺度，这些尺度可能本身是有问题的，那我们还要一味地遵守这样的尺度吗？

答：有些尺度关涉你的发言可能，如果开口以闭口为代价，又该如何？你若服务媒体，最务实的办法，就是在尊重尺度的前提下，最多，浸润式地改良不合理的成分。

同学问：在互联网上不断有新的流行语出现，但是很多时候却只是同质化的语言，这种情况的语言贫乏是不可避免的吗？

答：最近老有人提"语言的污染"，我相信是真的。但互联网并非最糟糕的污染源。空洞无物、宏大虚弱的宣传八股才让人厌恶。其实，互联网常常以戏仿来批判"宣八股"，并且为此创造出无数流行语，说不定最后真能约定俗成咧。

同学问：新闻评论中，玩"梗"和使用一些网络流行语的做法是可以被接受的吗，还是要看是否是严肃议题呢？

答："梗"不就是典故吗？也许还有笑点的含义？我觉得可以接受。现在你看到的雅驯修辞，也可能只是唐宋的市井流行，并非字字来源于圣贤。但确实在使用中要看场合，毕竟流行语需要沉淀，才能有较为端庄的色彩。

同学问：前段时间，某音乐人在微博和知名音乐播放平台发布歌曲，内容十分恶俗。就这一事件，请问老师对于艺术创作的底线的看法，以及在互联网环境下，我们该怎么辨别"标新立异"和"刻意出奇"两种行为？

答：看是否触及"底层价值"——就是那些争议较小、靠近原理部分的人类价值。还有就是看批评对象，是无辜公众还是坚硬的黑暗。

同学问：对于孩子抱错，几十年后找到亲生父母的事件，从父母的角度看会感觉很伤感吗？孩子在是否回归亲身父母身边的选择上会有困难吗？

答：如果是我，选择不困难，因为我对于"香火"基因，根本不看重。我看重茫茫人海的遭遇和厮守。但我理解所有父母的艰难取舍，赞成以"不残忍"为前提的全部做法。假若医院有责任，则不惜联合告到哪怕它破产。

《评论》课后答疑 34：
夺造化之功

同学问：老师，您如何看待有些国家或地区代孕合法化？

答：法律是否允准，你可以自己做功课。我的判断，主要基于自己理解的法理，以及它背后涉及的伦理：总体而言，持宽容和接受态度。

《西游记》里，孙悟空诞生了两次。第二次学艺，因为"夺造化之功"，即使高阶神仙加持，羽化飞升还得有几轮死劫。现代社会，"夺造化之功"的科技太多了。身体发肤，也不再是宗法时代的神圣读解。

当然，代孕毕竟不同于献血，所以，它在管理上根据情况附加条件是应该的。比如保证各方权益的公平、规避的可能风险，以及确保代孕妈妈的自由意志、确保不会有血亲在不知情时婚配，等等，都是重要的。

我不赞成"买孩子"的故意曲解。我们都知道，那根本不是事实。我们跟猫狗没有血缘，不妨碍以最大的温柔和悲悯释放爱。而且在这个话题上，我也没有那么多对贫富差距的感慨。既然前几天新闻里小伙子为几万元卖肾（据说是产业链而非个案），就说明核心症结不在肾或者子宫。

我真不一定有明星家里的狗吃得好，也多半没有他的医疗服务。但人家靠的是商业票房而非贪污。如果税收与福利政策有欠合理，我需要的是能干预规则、博弈权益的安全发声，而不是无端反对她花钱省去妊娠。

同学问：对于偶像的作用，你怎么看？（记得你之前说过我想找音乐剧演员签名很没出息）

答：看起来，每个孩子都有成长伤痛。

我对你追星的主要意见，是多少顾及下我的荷包。偶像有垂范作用，但偶像也不是非得"作用"。哪怕你就是因为冬兵长得好看，就喜欢塞巴斯蒂安·斯坦（再说一遍，我一点不觉得他好看）。

好吧。你知道，我在比你现在更小的时候，喜欢过刘晓庆和陈冲。因为她们主演了，几乎我唯一看到的电影——我是说，主旋律之外多少有点家庭温情的电影……《小花》。那个时空，鼓吹或者哪怕阅读家庭温情，还会有点负罪感，你能想象吗？

我也曾在五台山体育馆为谭咏麟加油。但我对他的热情，可能不超过陈丹青的一半。跟后者在四方美术馆也曾合影，却几乎是被同伴裹挟。"要签名没出息"就是转引自他，我想我明白那个意思。他对年轻人的沮丧是显然的，即使以老滑的笔调也无法掩饰。

我给我喜欢的作者，比如刀尔登，寄过点老家的牛肉、一下子买过他十本书，我的疯狂差不多止于这个。我如果像疯狂"粉丝"那样追刘德华，猜不会获得人家的尊重。

找音乐剧演员签名不丢人。我只记得，为你实现这个计划，尽到老父亲最大的努力了。但如果你蹲守在人家楼下，就为等他出门时尖叫，还是不以为然的。我确实希望，你能多少分点注意力，在更严肃和深刻的主题。

《评论》课后答疑35：
青黄不接青黄接

同学问：我国刑法规定，与十四岁以下未成年人发生性行为不论当事人是否自愿按照强奸罪论处，而未成年人法定刑责年龄的标准也是十四周岁。为什么在保护未成年人的时候我们认为十四周岁仍然是一个心智不够成熟的年龄，而当涉及未成年人犯罪时却认为十四周岁已经具备了责任意识呢？老师您怎么看待十四周岁这一条规定线？

答：14岁似非"完全刑事责任"。你去做做功课，14、16、18岁都有不同的具体规定。说个不恰当的比喻，14岁有点类似庄稼的"青黄不接"，16岁则"接青黄"，所以对应不同的惩戒办法。

其实，超过75岁，差不多"老换小"了，故又有新规定。总之还是基于年龄对应的心智水平吧。当然，确实不同个体成熟节奏不同，有少年老成，也有巨婴终生。应该是取的统计学上平均数吧。

如果受害者是某种意义上的弱者，假定施害者更早熟、更应因为过错降低刑责界限，在我这里是能想得通的。

法律只是社会秩序的一种调节手段。对于青少年犯罪，从家庭到社区，从学校到单位，也许还应该配套综合治理。我看法制新闻，喜欢"掩卷深思"部分。犯罪不是只表明个体命运，它可以被追溯制度土壤和文化气候。

同学问：我国刑法的规定，不满十四周岁的人，无论实施何种危害社会的行为,都不负刑事责任。但是近年来,未成年人犯罪频发,而立法关于十四周岁刑事责任年龄的设限,使得现实中对实施了严重危害社会行为却又不满十四周岁未成年人只能"一放了之"或"一罚了之"。是否有必要降低刑事责任年龄？或是否可以提出一种比矫治教育更加严厉的惩罚？

答：不负刑事责任,不等于不负责任。除了你说的矫治教育,记得连带的民事责任是可以诉求的。

时移世易,既然免票的身高线都能变动,则对刑责年龄的重新讨论是非常正常的。而且标准也未必只取决于发育水平的生物学因素,我们对文明理解、对世界看法的变动,都会影响立法。

同学问：你之前说我们写作一定要能发表。何伟有关第三世界国家和人民的非虚构作品中有一本书是不是就不能在国内出版？但如果是这样他最希望看到的读者不就看不到他的作品了吗？（虽然一定有渠道能获得,但毕竟是少数人）

答：你当然可以有日记自我宣泄、自我排遣。但不进入传播流程的内容生产,无法对社会产生实际影响。从这个意义上说,宁可接受删削把关的发表,也不选择原封不动地躺在硬盘里。

（我不贬低自我宣泄、自我排遣。人内交流也是成长路径。所以尽管一直心怀不满,我始终克制,不去偷看你从小学就开始的文学创作）

何伟的"中国三部曲",在中国大陆出版了两部。而且即使这两部,在中国台湾和中国香港,也应该有不同内容的繁体字版。我猜这是种灵活务实的妥协。在没有完美方案的情况下,退而求其次。

我年轻的时候,有过教训。因为偏执洁癖,拒绝编辑的把关。我真为自己的迂阔怪诡付出了代价。其实即使一字不易,也不能保证不被曲解。既然如此,何妨合作一二,等养成流量再较真多好。现在固然可以淡泊自宽,但一个写手没有读者,终究不是什么体面的事情。

总之容易理解。你不希望你的文字,为了发表改成寰宇墙报体;但你也不能因为爱惜羽毛而让出版社冒险,丢掉它的出版资质。

代后记：
难进易退，晴耕雨读

1. 聊聊荒居和王少自己的务农趣事？

靖节先生名句"心远地自偏"，咱没有前贤高远的心志，就"地远心自偏"——找一个荒郊，自我放逐，以便和某种让人失望的环境分割。务农是夸口。那是专门技术。我的职业还是教书。如果装一点，也许可以说"半耕半读"。趣事就太多了。我为给菜园松土买蚯蚓，为给果树授粉养壁蜂算吗？

2. 现在越来越多城市居民热衷种菜，尤其是不少年轻人，有的是"撒种子望天收"的"佛系"菜农、有的是"精耕细作"的务实菜农，有的则甚至成了种菜主播，聊聊不同代的人在种菜上的态度和行为差异。

我没有做过调查，不知道代际差别。城市居民种菜，种成主播、种成大户的是少数。多数人，还是作为生活调剂，释放焦虑、寄情乡愁。我们小时候，即使最窘迫的居住条件，也要用高粱杆剥离的表皮剖成条状，然后穿进蒜粒的果肉再环成圆形，放入破碗加水。这种种菜兼有工具理性和价值理性：先是蒜苗盆景，然后才是蒜苗本苗。

3. "城市新农人"现象折射出的农耕文化的变与不变：浅聊一下国人的"农耕情结"。

中国大妈去耶鲁种菜，你要说农耕文化，那就是农耕文化吧。但中国大妈还在费城跳广场舞呢,你说这算什么文化?历史上,中原文化与游牧文化不是对立的,是个事实判断。不过我得承认,我本人还是更喜欢城市文化,更喜欢现代的工业文明。城市文化可以有生态理念,但我不愿意回到真正意义上的农村。声称喜欢农村的,也未必是喜欢农耕,大概率只是喜欢农家乐:给单调的日子增加点乡土元素。所以你说"情结"就对了。我在荒居还放了几口老家的石磨呢,但吃面粉网购。

4."采菊东篱下"变"采菊阳台上":城市新农人的园艺也越来越走向智能化,作物品种也逐渐更加趋向个性化,高颜值、实用、智能成为"新农人"们更注重的价值,我们离田园生活更近了还是更远了?

城市园艺是伟大的进步。不是种菜,就得像德云社所说,"自己蹲地里给韭菜催肥"。你去荷兰看看现代农业,我一点也不迷信什么手工。并非只有放牛娃吹笛子才有诗情画意,而且诗情画意只是给文青拍照的,农民是理性经济学动物。田园生活不只有诗意,更有艰辛。如果我们离诗意更远了,一定跟田园无关。

5.宇宙的尽头是赚钱,针对未来可能兴起的"阳台经济",假设大家是投资人,您乐意为什么样的技术和产品买单?

当然是你刚才所说的高颜值、高实用、高智能的。不过我很怀疑,几平方米的阳台菜圃能成为阳台经济,除非你是拿蔬菜当背景,秀伪田园生活。顺便说一句,我对那种挂几串塑料辣椒的苍蝇馆很抵触,什么野生、什么绿色,在我这里都无非营销噱头。野生的并不真的更有营养,离开化肥和农药你能吃到多少野生蔬菜?

(摘自新华日报谭可欣的采访)